Geschwister sind das Größte

Dagmar Geisler, 1958 in Siegen geboren, studierte Grafikdesign in Wiesbaden und begann bereits während dieser Zeit als Illustratorin zu arbeiten. Inzwischen hat sie eine Vielzahl von erfolgreichen Bilder- und Kinderbüchern illustriert, erzählende Bücher genauso wie Sachbücher, die sie mit witzigen Bildern anschaulich macht.»Mich interessiert alles Zwischenmenschliche. Ich zeichne am liebsten Menschen. Und darüber schreibe ich auch am liebsten«, erzählt sie.

Mehr über unsere Bücher, Autor:innen und Illustrator:innen auf:
www.thienemann-esslinger.de

Geisler, Dagmar:
Geschwister sind das Größte
ISBN 978 3 522 30642 3

Einbandtypografie: Doris Grüniger, Buch und Grafik, Zürich
Innentypografie: Bettina Wahl
Reproduktion: Digizwo Kessler + Kienzle GbR, Stuttgart
Druck und Bindung: Livonia Print, Riga

FSC www.fsc.org MIX Papier | Fördert gute Waldnutzung FSC® C002795

Das Buch erschien erstmals 2012 unter dem Titel *Geschwister sind unschlagbar.*

Dagmar Geisler

GESCHWISTER SIND DAS GRÖSSTE

Das Vorlesebuch für die ganze Familie

Gabriel

INHALT

Mein allergrößter Wunsch

Ich wünsche mir eine Schwester oder einen kleinen Bruder, ganz egal. Hauptsache, ein Geschwisterchen.

»Das ist mein allergrößter Wunsch«, sage ich zu Flori. »Dafür will ich auch nichts zum Geburtstag haben. Höchstens was ganz Winziges.«

Flori schüttelt den Kopf.

»Das kannst du vergessen«, sagt er und guckt finster auf die Legobahn, die wir gerade aufbauen.

»Wieso?«, frage ich.

Flori seufzt. »Bei so was stellen deine Eltern die Ohren auf Durchzug.«

Mit ernster Miene prüft er die Konstruktion einer Brücke.

»Wirklich«, sagt er. »Ich hab's probiert. Ich wollte nämlich auch einen kleinen Bruder. Einen kleinen Bruder und sonst nichts auf der Welt. Das habe ich meinen Eltern auch gesagt. So oft, bis ich es selbst nicht mehr hören konnte.«

»Und?«, frage ich.

»Pff«, macht Flori. »›Das ist nicht so einfach‹, haben sie gesagt. ›Wie stellst du dir das denn vor?‹, haben sie gefragt. Irgendwann haben sie gar nicht mehr geantwortet und nur die Luft durch die Nase geblasen. Du weißt schon. So wie Erwachsene immer die Luft durch die Nase blasen, wenn sie finden, dass man endlich still sein soll.«

»Trotzdem«, sage ich leise.

Flori klopft mir auf die Schulter. »Nee du«, sagt er. »Keine Chance. Wünsch dir lieber einen Hund. Ein Hund geht vielleicht, wenn man nur lange genug bettelt. Aber Geschwister! Niemals!«

»Und hast du einen Hund bekommen?«, frage ich.

»Schon so gut wie«, sagt Flori. »Nächste Woche fahren wir ins Tierheim und schauen uns einen an.«

Flori meint, das könnte doch ganz lustig sein, wenn wir beide mit unseren Hunden Gassi gehen. Die könnten dann auch zusammen spielen. Und er möchte am liebsten so einen kleinen, frechen mit strubbeligem Fell.

»Ein Hund«, sage ich und zucke die Achseln.

»Besser als nichts!«, sagt Flori. Und da hat er schon recht. Irgendwie.

»Ich wünsche mir einen … Hund!«, sage ich, als Mama mich abends fragt, was ich zum Geburtstag haben möchte. Beinahe hätte ich »kleinen Bruder« gesagt, aber das habe ich im letzten Augenblick noch runtergeschluckt.

»Uh«, sagt Mama und wuschelt mir durch die Haare. »Das ist aber ein großer Wunsch!«

»Ich wünsche mir einen … Hund … und sonst nichts«, murmle ich leise.

Da muss ich mich erst dran gewöhnen, an das mit dem Hund.

Vorsichtshalber male ich ein paar Blätter voll mit Hunden und lasse die überall herumliegen.

Hoffentlich kriege ich nicht so einen großen sabbernden wie den von Herrn Mayr nebenan. Oder so einen doofen, zittrigen mit rosa Schleife, wie den von Frau Priesnitz in der Gartenstraße.

»Leon wünscht sich einen Hund!«, sagt Mama beim Mittagessen.

»Uh«, macht Papa. »Das ist aber ein großer Wunsch.«

»Ich wünsche mir einen … Hund … sonst nichts!«, sage ich und male mit der Gabel ein Muster in meinen Kartoffelbrei.

Am Nachmittag kommt Oma zum Kaffee vorbei.

»Was wünscht sich denn der Kleine zum Geburtstag?«, fragt sie, als Mama ihr ein Stück Erdbeerkuchen auf den Teller legt.

»Stell dir vor, er wünscht sich einen Hund, sonst nichts!«

Zum Glück muss ich es diesmal nicht selber sagen.

»Uh«, macht Oma und spießt eine dicke Erdbeere auf.

»Die haben wir selbst gepflückt!«, rufe ich laut, damit sie mich nicht fragt, was es denn für ein Hund sein soll. Das wäre nämlich eine typische Oma-Frage und das muss ich mir erst mal selbst überlegen.

Beim Verabschieden erwischt sie mich doch. Sie drückt gerade ihren Hut auf die Locken. »Was soll denn das für ein Hund sein?«

»So ein kleiner, frecher mit struppigem Fell«, sage ich hastig. Uff, wie gut, dass mir das noch eingefallen ist.

Abends fragt Papa, ob wir zusammen was spielen wollen. Aber ich schüttle den Kopf.

»Ich möchte mir lieber mit euch einen Film anschauen.«

»Welchen denn?«

»Ein Hund namens Beethoven«, sage ich.

Es sind noch vier Tage bis zu meinem Geburtstag und so langsam werde ich Experte in dieser Hunde-Angelegenheit. »Border-Collie, Isländischer Spitz oder Fox-Terrier«, sage ich jetzt lässig, wenn mich jemand fragt. Ich habe mich nämlich informiert. Herr Mayr hat ein Hunde-Buch und in dem habe ich geblättert. Er hat mir dann gesagt, wie die Sorten heißen, die mir am besten gefallen. Als Tante Laura angerufen hat, habe ich – weil Mama gerade im Zimmer war – gesagt, dass ich mir eine Hundeleine zum Geburtstag wünsche, und bei Onkel Theodor habe ich »Fressnapf« gesagt. O Mann, dabei hätte ich mir wenigstens noch gern das ganz, ganz kleine Lego-Raumschiff gewünscht.

Flori ist schon total aufgeregt. Er hat sich im Tierheim eine Promenadenmischung ausgesucht, sagt er. Weiß mit braunen und schwarzen Flecken und so einem lustigen Haarbüschi vorne auf dem Kopf. Total süß, sagt er.

Promenadenmischung! Die Rasse ist in Herrn Mayrs Hundebuch gar nicht vorgekommen, glaube ich.

Ich male immer noch Hunde. Die werden immer besser, jetzt wo ich mich ein bisschen auskenne. Ich male sogar Herrn Mayrs Sabbermonster, aber das Blatt zerreiße ich lieber und werfe es gleich in den Papierkorb,

sonst kommen Mama und Papa noch auf die Idee, mir so einen zu schenken.

Als Flori zu Besuch ist, überlegen wir lange, wie wir unsere Hunde nennen könnten. Pinki finden wir hübsch oder Streuner oder Schnüfferl. Mama steht bestimmt in der Küche und spitzt die Ohren, da bin ich mir sicher.

Morgen ist mein Geburtstag. Wir haben schon Muffins gebacken und Saft eingekauft und jede Menge Spiele ausgesucht, die wir spielen können bei meinem Geburtstagsfest. Auch mein Zimmer ist tipptopp aufgeräumt. So schön, dass einem ganz feierlich wird, wenn man im Bett liegt und den Lichtpunkten zusieht, die die kleine Lampe auf dem Fensterbrett an die Wand wirft. Die Bettwäsche ist frisch gewaschen und knistert beim Reinkuscheln.

Mama und Papa kommen zum Gute-Nacht-Sagen. Alle beide! Aber ihr Gesichtsausdruck passt kein bisschen zu meiner feierlichen Stimmung.

Papa räuspert sich: »Ähm!« Er schaut erst mich an, dann Mama und dann wieder mich. »Ähm! Wir müssen mal mit dir reden, Leon.« Mama beißt sich auf die Lippe. Jetzt setzen sie sich auch noch hin. Papa auf die eine Bettkante und Mama auf die andere. Die gucken, als hätte ich schon wieder Keuchhusten.

»Du hast ja morgen Geburtstag«, sagt Mama und tätschelt meine Hand.

»Und bevor du allzu enttäuscht bist …«, meint Papa.

»Wegen dem kleinen Hund …!«, unterbricht ihn Mama.

»Das wird n-«, ruft Papa. Mama legt ihm die Hand auf den Arm.

»Schau mal.« Sie redet mit dieser Säuselstimme, die sie immer benutzt, wenn sie mir was ausreden will. Ich mache mich ganz steif unter der Bettdecke. »Wir wissen, wie sehr du dir einen kleinen Hund wünschst. Nur gerade jetzt …«

»Es tut uns ja selber leid«, ruft Papa dazwischen. »Ich hab mir doch als kleiner Junge auch so sehr einen kleinen Hund gewünscht und keinen bekommen. Schrecklich war das!«

»Nur gerade jetzt …«, versucht Mama es noch einmal. »Wir wollten es dir eigentlich erst später sagen, aber …« Sie guckt Papa an, runzelt die Stirn. »Unsere Wohnung ist ja nicht so wahnsinnig groß und …«

»Um es kurz zu machen«, sagt Papa und richtet sich ganz gerade auf. »Du bekommst nämlich einen kleinen Bruder.«

»Oder eine kleine Schwester«, sagt Mama und lächelt. »So genau wissen wir das noch nicht.«

»Das macht doch nichts«, sage ich und versuche wenigstens so zu tun, als wäre ich sehr enttäuscht wegen diesem kleinen Hund.

»Das macht doch überhaupt nichts.« Ich springe auf und mache ein Geheul, das bestimmt noch Frau Priesnitz in der Gartenstraße hören kann. Ich umarme Mama und Papa und dann wieder Mama. Mama hat Tränen in den Augen. Was es da zu heulen gibt, möchte ich mal wissen.

»Zum Geburtstag bekommst du die große Lego-Raumstation«, sagt Papa mit rauer Stimme. »Damit du trotzdem was zum Freuen hast.«

»Aber Heinz«, ruft Mama und lacht und wischt sich die Tränen aus den Augen. »Jetzt hast du die ganze Überraschung verdorben.«

»Das macht doch überhaupt nichts«, rufe ich noch mal. So laut, dass Frau Priesnitz in der Gartenstraße bestimmt die Ohren abfallen und ihrem blöden Fiffi gleich mit.

Ich kann's gar nicht glauben. Ein Geschwisterchen und die große Lego-Raumstation! Mehr Glück gibt es doch auf der ganzen Welt nicht.

TOMMi UND ANNiKA

Wie heißt ihr?
Thomas und Annika Settergren.

Wie alt seid ihr?
Ungefähr acht!

Wer hat euch erfunden?
Astrid Lindgren.

Wo wohnt ihr?
In Schweden.

Was ist euer Lieblingsessen?
Picknick mit Pippi.

Wer ist eure beste Freundin?
Pippi Langstrumpf.

Was mögt ihr gar nicht?
Wenn Pippi ohne uns in die Südsee fährt.

Worüber könnt ihr lachen?
Über Pippi.

Was ist euer größter Fehler?
Wir können kein Pferd von der Veranda heben.

Streitet ihr manchmal?
Fast nie.

Jules Flickendecke

Mama hat gerade jede Menge zu tun. Den ganzen Tag ist sie unterwegs und deshalb hat sie mich zu Oma gebracht. Ich soll dort in aller Ruhe meine Hausaufgaben machen und dann mit Oma zu Abend essen.

Oma sitzt an ihrer Nähmaschine. Da sitzt sie meistens. Meine Oma kann ganz toll nähen, obwohl sie gar keinen Nähkurs besucht hat. Sie hat sich alles selbst beigebracht. Sogar Mamas Hochzeitskleid hat sie genäht.

Ich seufze. Das Hochzeitskleid ist wirklich schön. Es ist aus sahneweißem Stoff mit winzigen aufgestickten Rosen in Rot und Violett. Passend dazu hat Oma ein rotes Kleid für mich gemacht und ein violettes für Nele. Diese beiden Kleider sind auch sehr schön. Wirklich! Aber dass meine Mama heiraten will, finde ich nicht so schön. Schon gar nicht, seit Luzie heute Morgen in der Schule gemeint hat: »Cool, dann seid ihr ja eine richtige Patchwork-Familie.«

Ein blödes Wort ist das. Es klingt wie Patsch und Würg. Ich will nicht in einer Patsch-und-Würg-Familie sein. Ich will alleine mit Mama in unserer Wohnung bleiben. Jetzt muss ich schlucken. Oma schaut mich über den Rand ihrer Brille an.

»Was ist los, mein Mäusefloh?«

Wenn sie so was zu mir sagt, muss ich normalerweise lachen. Aber heute geht das nicht.

Ich erkläre Oma das mit dem Patsch und Würg. Ich sage ihr, es hat damit zu tun, dass wir demnächst alle zusammen in einem Haus wohnen werden. Wir, das sind: Mama und ich, Markus, Nele, Tom und Einstein. Markus ist der Mann, den Mama heiraten will. Nele und Tom sind seine Kinder, Einstein heißt der Kater.

Zu Besuch waren wir dort schon oft. Das war auch immer ziemlich lustig. Wir haben in dem großen Garten gegrillt und ein paarmal durften Nele und ich im Baumhaus übernachten. Hätte ich bloß nicht gesagt, dass mir das gefällt, dann wäre Mama bestimmt nicht auf die Idee gekommen, dort einzuziehen.

»Aber du hast dir doch immer Geschwister gewünscht«, sagt Oma.

»Hm«, mache ich und zucke mit den Schultern. Oma schaut mich immer noch an. Kann sie nicht einfach weiternähen?

»Wir sind ja noch nicht mal miteinander verwandt«, sage ich. »Und außerdem habe ich selber eine Schwester.«

Das stimmt wirklich. Seit fünf Monaten habe ich eine Schwester. Sie heißt Fifi. Na ja, eigentlich Filomena und sie wohnt ganz weit weg von uns. In Hamburg bei Papa. Bei Papa und seiner neuen Frau. Linde heißt die.

Oma seufzt und schüttelt den Kopf, weil sie die Naht, die sie gerade genäht hat, wieder auftrennen muss. Meine neue Schwester kenne ich bis jetzt nur vom Foto, sie ist ein winziges Schrumpelbaby und sieht überhaupt nicht aus wie ein Mädchen, mit dem man spielen kann.

»In ein paar Wochen kommt sie mit Papa zu Besuch«, erzähle ich.

»Die kleine Fifi gehört auch zu deiner Patchwork-Familie«, sagt Oma.

»Brr«, sage ich und stopfe mir die Finger in die Ohren. Ich will dieses scheußliche Wort nicht dauernd hören.

In der Woche vor der Hochzeit packen wir unsere ganzen Sachen in riesige Kartons. Nur die paar Dinge, die wir noch dringend brauchen, lassen wir draußen. Mama schimpft, weil sie nicht verstehen will, dass ich wirklich alle meine Kuscheltiere noch ganz dringend brauche und meine Bücher und sämtliche Steine, die wir im letzten Jahr an der Ostsee gesammelt haben, und die Muscheln natürlich auch. Mama möchte, dass ich außer Herrn Jacobson alles in die Kiste tue. Herr Jacobson ist mein Lieblingskuschelhase. Er hat ganz lange Beine und ganz lange Ohren. Sein Bauch ist vom vielen Schmusen schon etwas durchgewetzt, aber Oma hat ihm eine bunte Weste genäht und jetzt ist er wieder wie neu.

»Wirklich, Jule! Es muss alles in die Kiste«, sagt Mama und pustet sich eine Haarsträhne aus dem Gesicht. Sie hat gerade alle ihre Bücher verpackt und die Kartons im Wohnzimmer hinter der Tür gestapelt.

Blöderweise muss ich jetzt ein bisschen weinen, dabei wollte ich das gar nicht. Mama nimmt mich in den Arm und will wissen, was los ist. Ich sage: »Meine Kuscheltiere haben Angst, weil es in der Kiste so dunkel und viel zu eng ist.« Das ist kindisch und blöd. Schließlich bin ich kein Baby mehr und weiß selbst, wie piepegal es meinen Kuscheltieren ist, wo sie liegen. Aber die Wahrheit kann ich nicht sagen. Mama freut sich doch schon so auf unser neues Zuhause und sie denkt natürlich, dass ich mich auch freue.

»Werden die Sachen wirklich schon am Dienstag abgeholt?«, frage ich.

»Genau«, sagt Mama. »Am Dienstag nach der Hochzeit kommt der große Möbelwagen. Dann wird alles in die Gartenstraße gefahren und schwuppdiwupp kannst du die Herrschaften wieder auspacken.« Sie gibt mir so einen ganz kleinen lustigen Nasenstüber. »Nele freut sich schon so auf dich. Das hat Markus mir gestern erzählt, als wir die Vorhänge fürs Esszimmer ausgesucht haben.«

Nele freut sich, so, so. Ich freue mich ja auch auf Nele. Ein bisschen wenigstens. Wir sind ungefähr gleich alt. Sie ist bloß fünf Monate und drei Tage älter als ich. Mit Nele kann ich fast so gut spielen wie mit Luzie. Ich würde es nur viel lieber hier bei mir zu Hause tun.

»Müssen wir wirklich umziehen?«, frage ich. Aber ich frage es so leise, dass Mama es nicht hören kann. Sie hat die nächste Kiste aufgeklappt und fängt an, die hübschen Weingläser in Seidenpapier einzuwickeln. »Du wirst sehen, es wird alles ganz toll. Heutzutage gibt es so viele Leute, die als Patchwork-Familie zusammenleben. Wieso sollten ausgerechnet wir das nicht hinkriegen?«

Patsch und Würg. Da ist es wieder, dieses Wort, das ich nicht ausstehen kann.

Für die Hochzeit hat Mama sich schönes Wetter gewünscht, und das hat sie auch bekommen. Als wir vor die Kirche treten, ist der Himmel blau mit winzigen weißen Wölkchen. Es ist nicht zu heiß und nicht zu kalt und es duftet nach Sommer und großen Ferien. Nele, Tom und ich haben Blumen gestreut. Jetzt müssen wir stillhalten, denn jetzt wollen alle Leute fotografieren. Wir rufen »Cheese« oder »Käsekuchen« und wir legen uns gegenseitig die Arme um die Schultern. »Ich will auch mal neben Jule stehen«, ruft Tom und schubst seine Schwester ein bisschen zur Seite. Aber es ist nicht schlimm. Wir kichern dabei und winken wieder in die Kamera. Mama und Markus lachen und freuen sich. Es ist alles ganz schön und lustig. Wenn wir bloß keine Patsch-und-Würg-Familie sein müssten.

Das Fest ist dann bei Markus, Nele und Tom im Garten. Ich müsste jetzt eigentlich »unser Garten« sagen – schließlich steht mein neues Bett schon seit gestern hier im Haus, oben in meinem neuen Zimmer –, aber das schaffe ich nicht.

Überall stehen Bierbänke, in den Bäumen hängen bunte Lampions. Wenn es am Abend dunkel wird, werden die Kerzen darin angezündet. Es gibt Kuchen und Torte und Würstchen und Spießbraten und ganz leckere Salate. Wir trinken so viel Saft, bis unsere Bäuche gluckern, und als die Erwachsenen anfangen zu tanzen, sitzen wir drei im Baumhaus und schauen zu. Das macht viel mehr Spaß, als selbst mitzuhopsen. Erst als Oma und Markus zusammen tanzen, klettern wir wieder runter, denn wenn Oma einmal loslegt, macht sie bald eine Polonaise und da wollen wir dabei sein.

Erst als ich langsam müde werde, denke ich wieder an das Patsch und Würg und daran, dass ich heute nicht mehr daheim in meinem alten Bett schlafen kann.

»Na, mein Mäusefloh.« Oma setzt sich neben mich auf die Bank und legt mir ihren Arm um die Schulter. »Du hast noch gar nicht nach deinem Hochzeitsgeschenk geschaut.«

»Mein Hochzeitsgeschenk? Ich heirate doch gar nicht.« Oma macht manchmal seltsame Witze.

»Trotzdem kriegst du heute ein Geschenk von mir. Es liegt oben auf deinem Bett.«

In meinem Zimmer bin ich den ganzen Tag noch nicht gewesen. Hier unten im Garten war die ganze Zeit viel zu viel los. Jetzt gehe ich mit Oma. Wir steigen die Treppe hinauf, die auf einmal auch unsere Treppe ist, gehen über den dicken Flurteppich und öffnen die Tür zu meinem Zimmer, das bis vor Kurzem noch eine Abstellkammer war.

Auf dem Bett liegt eine bunte Decke.

»Ist das mein Geschenk?«, frage ich.

Oma nickt. »Es ist eine Patchwork-Decke.«

Ich schlucke. Schon wieder dieses Patsch und Würg.

Oma erklärt: »Patch bedeutet Flicken oder Fleckerl und Patchwork ist etwas, das aus ganz vielen Fleckerln zusammengesetzt ist. Die Flicken für diese Decke habe ich extra für dich zusammengesucht.« Sie tippt mit dem Finger auf eines der Stoffstücke.

»Das ist ja von Mamas Hochzeitskleid«, rufe ich.

Oma nickt und dann sitzen wir ganz lange zusammen und schauen uns alle Flicken genau an. Da gibt es ein Stück aus Opas alter, grauer Jacke, die er immer im Garten angehabt hat, ein Flicken ist aus dem Stoff von Neles lila Kleid und einer kommt von Markus' Lieblingsjeans. Es ist die, die er neulich in den Altkleidersack stecken wollte, weil sie schon so durchgescheuert war. Der Flicken mit dem schönen Rosenmuster ist aus Omas alter Schürze. Ich hätte es fast nicht wiedererkannt. Der mit Grinsegesicht ist von einem Pullover, der Tom letztes Jahr noch gepasst hat. Von jedem Familienmitglied finde ich einen Flicken. Sogar ein Stück von Fifis erster Strampelhose ist dabei, einer von Papas bunt kariertem

Kuschelhemd und einer von Lindes schöner Tupfenbluse. Ganz in der Mitte ist ein Flicken von etwas, das einmal mir gehört hat. Er ist aus meinem allerliebsten Lieblingsschlafanzug. Der ist mir leider zu klein geworden. Er hatte das schönste Katzenpfoten-Muster der Welt.

»Toll, Oma, danke«, sage ich. Sie drückt mich kurz an sich und sagt: »Da kannst du mal sehen, wie schön es sein kann, wenn man ein paar nette Lumpen zusammenflickt!« Sie zwickt mich ins Ohr und kichert ein bisschen vor sich hin. Was es da zu kichern gibt, verstehe ich nicht. Aber das ist ja auch egal.

Das Hochzeitsfest ist jetzt schon lange vorbei. So langsam gewöhne ich mich daran, dass Nele und ich den gleichen Schulweg haben und Tom mein großer Bruder ist. Ein paarmal habe ich schon – ganz aus Versehen – »unser Garten« gesagt. Sogar »unser Einstein« ist mir schon rausgerutscht.

Es gibt Tage, da ist das ganze Haus voller Kinder. Tom hat viele Freunde und Nele hat ein paar Freundinnen und ich ja auch. Luzie war auch schon da und hat es cool gefunden, weil wir ja eine Patchwork-Familie sind. Was sie bloß immer damit hat?

Ab und zu haben wir auch Zoff. Manchmal streiten Nele und ich miteinander, ein andermal Tom und Nele oder Tom und ich. Je nachdem. Hin und wieder streiten wir auch alle drei gleichzeitig. Dann geht es ganz laut und wild zu. Einstein versteckt sich unter dem Sofa und mindestens einer fängt an zu heulen.

Am Anfang hat mich das erschreckt, aber Nele meint, bei Geschwistern ist das normal, ich hätte bloß noch nicht genug Übung. »Mit der Zeit nimmt man das ganz gelassen!«, behauptet Tom.

Es ist eigentlich immer was los und zwischendrin haben wir es richtig schön. Zum Beispiel, wenn wir alle zusammen »Uno« oder »Skip-Bo« spielen.

Nur manchmal will ich allein sein. Dann gehe ich in mein Zimmer, wickle mich in meine Patsch-und-Würg-Decke und lese meinem Lieblingshasen eine Geschichte vor. An meiner Decke gibt es auch einen Flicken, der aus dem gleichen Stoff ist wie seine bunte Weste. Er gehört nämlich auch zu unserer Patchwork-Familie, der Herr Jacobson.

Papas Kuschelhemd
mein liebster Schlafanzug
Mamas Hochzeits-kleid
Fifis erste Strampel-hose
Neles Kleid
mein Kleid
Toms Pullover
Markus' Jeans
Opas Jacke
Lindes Tupfenbluse
Omas Schürze

GOLDMARIE UND PECHMARIE

Wie heißt ihr?

Marie.

Wer hat eure Geschichte aufgeschrieben?

Die Brüder Grimm.

Wo wohnt ihr?

Im Märchenland.

Was ist euer Lieblingsessen?

Alle Tage Gesottenes und Gebratenes.

Wer ist eure beste Freundin?

Goldmarie: Frau Holle.

Pechmarie: Meine Mama.

Was macht ihr den ganzen Tag?

Goldmarie: Arbeiten und arbeiten und arbeiten.

Pechmarie: Gar nichts.

Was mögt ihr überhaupt nicht?

Goldmarie: Faul sein.

Pechmarie: Arbeiten.

Worüber freut ihr euch am meisten?

Wenn es Gold regnet.

Worüber ärgert ihr euch am meisten?

Wenn es Pech regnet.

Streitet ihr manchmal?

Eigentlich nicht.

Stadtbummel mit Konrad

Das ist wieder mal typisch! Kaum sind wir in der Stadt angekommen, heißt es: »Laura, pass doch mal schnell auf Konrad auf, ich bin sofort wieder da!«

Das war so nicht ausgemacht. Wir wollten einen Stadtbummel machen und ich sollte eine neue Jacke und ein paar Schuhe kriegen. Es war keine Rede davon, dass wir Konrad mitnehmen und auch nicht davon, dass Mama jetzt allein in diesem Wäscheladen verschwindet und mich mit der kleinen Nervensäge hier hocken lässt.

Zum Glück sitzen wir nicht im Freien. Da draußen regnet es in Strömen und ein lausig kalter Wind fegt um die Ecken. Hier im City-Center ist es wenigstens warm. Das finden die anderen Leute allerdings auch. Es wimmelt nur so von Menschen. Die, die gerade hereingekommen sind, haben feuchte Jacken an und tropfende Schirme in den Händen. Deswegen ist hier eine Luft wie im Tropenhaus vom Zoo.

Konrad quengelt. In den dicken Sachen ist es ihm viel zu warm. Mir ist auch warm. Ich schäle mich aus meinem Anorak. Ich würde auch Konrad aus der Jacke helfen, aber der kleine Quälgeist hält ja keinen Moment still. Schon dreimal habe ich ihn eingefangen und jetzt rennt er schon wieder zu dem plätschernden Wasserspiel. Wenn er sich da nass macht, ist es aus mit unserem Stadtbummel.

»Konrad!«, rufe ich und noch einmal »Konrad!«. Aber dieser Zwerg hat ja noch nie gehört. Es ist sehr unwahrscheinlich, dass er ausgerechnet jetzt damit anfängt.

O Mann. Ich habe keine Lust, ihn schon wieder da wegzuholen. Wenn ich aufstehe, nimmt mir bestimmt jemand den Platz weg. Wo Mama bloß bleibt? Ich recke den Hals, sehe aber nur fremde Menschen, die sich aneinander vorbeischieben.

Konrad versucht mit seiner kleinen Patschhand den glitzernden Wasserstrahl zu erwischen. Immer weiter beugt er sich vor. »Pass auf!«, rufe ich. Jetzt muss ich doch losrennen. Energisch packe ich meinen kleinen Bruder unter

den Achseln und zerre ihn zurück zu unserem Sitzwürfel. Zum Glück ist der noch frei.

»Jetzt bleib doch mal da«, sage ich und versuche Konrad festzuhalten. Er strampelt und windet sich. Flutsch ist er wieder entwischt.

Kein Wunder. Dahinten geht ein Känguru herum und verteilt Luftballons.

Mit weit aufgerissenen Augen starrt Konrad das riesige Tier an. Er hat den Finger in den Mund gesteckt, den Kopf in den Nacken gelegt und er macht winzige Schritte rückwärts. Ich muss kichern. Konrad merkt überhaupt nicht, dass das ein verkleideter Mensch ist. Er schnappt sich den Luftballon, den das Känguru ihm hinhält, und rennt, so schnell es mit seinen kurzen Beinen geht, zu mir zurück. Mit einem Satz springt er auf meinen Schoß und genau in dem Moment kommt Mama aus dem Laden.

»Alles klar bei euch?«, fragt sie. Noch bevor ich antworten kann, sagt sie: »Ich muss nur noch kurz in die Drogerie«, und – wusch – ist sie an uns vorbei. Das darf doch nicht wahr sein.

Wie auf Kommando wuselt auch Konrad wieder los. Sofort wird er von der Menschenmenge verschluckt. Ich sehe nur noch den grünen Luftballon in Richtung Wasserspiel wackeln. Bitte, dann soll er sich halt nass machen. Für mich ist der Tag so und so gelaufen. Jede Wette, wenn Mama endlich mit ihrem Kram fertig ist, hat Konrad Hunger oder er ist müde oder Mama ist müde und will bloß noch die Beine hochlegen. Irgendetwas wird uns schon daran hindern, in meinen Lieblingsladen zu gehen.

»Was machst du denn für ein Gesicht?« Ich fahre herum. Die Stimme, die das gefragt hat, gehört zu Sina. Sina ist ein bisschen älter als ich, geht aber in unsere Parallelklasse. Die 3b hat ihren Raum genau gegenüber von uns. Deshalb kenne ich sie vom Sehen. In der Schule spricht sie mich nie an. Wenn sie mit ihren schicken Freundinnen den Gang entlangkommt, bin ich Luft für sie. Ich schiele zum Wasserspiel hinüber. Der grüne Luftballon ist noch da und auch Konrads Mütze kann ich entdecken.

»Du siehst aus, als hätte dir jemand die Wurst vom Brot geklaut.« Sina lacht über ihren eigenen Witz. Und dann fragt sie: »Bist du auch beim Shoppen?« Aber eine Antwort will sie eigentlich gar nicht. Stattdessen wühlt sie in einer der Tüten, die sie in der Hand hat. »Guck mal, das hier war runtergesetzt. Ist toll, oder?« Sie zieht ein T-Shirt aus der Tüte. Es ist wirklich toll. Türkisgrün mit einem aufgestickten Glitzer-Tattoo.

»Super«, sage ich. »Wo hast du das her?«

Sina deutet mit einem Kopfnicken zu einem kleinen Laden, der nur ein paar Schritte von uns entfernt ist.

»Wir können ja mal für dich gucken«, sagt sie. »Hast du Lust?«

Ich überlege kurz. Konrads Luftballon kann ich auch vom Laden aus sehen. »Okay«, sage ich. »Bist du alleine unterwegs?«, frage ich, als wir uns an ein paar älteren Jungs vorbeischieben.

»Klar«, antwortet Sina. »Meine Mutter hat mir Geld mitgegeben. Ich soll mir mein Zeugs selbst aussuchen. Ist auch besser so.« Mit der linken Hand blättert sie durch die Glitzer-T-Shirts, die auf einem Ständer vor der Tür des Ladens hängen.

Ich komme mir plötzlich wie ein Baby vor. Deshalb nicke ich bloß, als Sina fragt: »Und du bist auch allein hier?«

Da ist ein rotes Shirt mit winzigen Pünktchen in Lila und Türkis. Ich nehme den Bügel und halte es mir vor den Bauch.

»Könnte deine Größe sein«, sagt Sina. »Am besten, du probierst es mal an. Die Umkleidekabine ist gleich da hinten.«

Das T-Shirt ist wirklich schön und ich habe große Lust, es anzuprobieren. Aber ich muss ja auf meinen kleinen Bruder aufpassen. Von hier aus kann ich den Luftballon nur sehen, wenn ich mich verrenke. Was macht Konrad da eigentlich? Der Ballon ist immer noch an der gleichen Stelle wie eben. Na bitte, mir soll es recht sein. Ob ich doch mal schnell in die

Umkleidekabine gehen soll? Nein, lieber nicht. Ich will das Shirt gerade wieder zurückhängen, da bewegt sich der Luftballon genau auf uns zu.

Blöd! Was soll Sina denn denken, wenn jetzt auf einmal mein kleiner Bruder auftaucht. Noch wird er von einer Frau verdeckt, die laut auf ihren Mann einredet. Die beiden tun einen Schritt zur Seite. Und da …

Mir bleibt der Mund offen stehen. Ich werfe der verdutzten Sina das Shirt in die Arme und mache einen verzweifelten Satz auf das Kind zu. Vor lauter Schreck fängt es sofort an zu plärren.

»Konrad!«, schreie ich. Aber das hat natürlich überhaupt keinen Zweck. Denn das ist ja nicht Konrad, sondern ein völlig fremdes kleines Mädchen mit Zöpfen und Haarspange. Seine Mutter nimmt es in die Arme und schaut mich böse an.

»Konrad«, brülle ich noch mal und rase zu dem Wasserspiel. Da sitzen zwei Rentner und stützen sich auf ihren Stock. Von Konrad ist nichts zu sehen.

»Haben Sie einen kleinen Jungen gesehen?«, frage ich. »Etwa so groß, mit einer lilafarbenen Mütze?« Die beiden Alten schütteln bloß den Kopf. Ich zupfe eine Frau am Ärmel und wiederhole meine Frage, aber auch die zuckt bloß die Achseln. »Und das Känguru? Wo ist denn das Känguru hin?« Die Frau schaut mich an, als hätte ich nicht alle Tassen im Schrank.

»Aber da war doch eben noch ein Känguru«, wimmere ich. Die Leute schauen mich mitleidig an. »Fragen Sie doch die Frau mit dem grünen Luftballon, die hat es bestimmt auch gesehen.« Ich schaue mich um, aber die Mutter ist mit dem kleinen Mädchen schon längst im Gewühl verschwunden.

»Konrad«, krächze ich, »mein kleiner Bruder. Bestimmt ist er mit dem Känguru gegangen.« Es sieht so aus, als würde die Frau mich nun endlich verstehen. Sie macht den Mund auf, um nachzufragen. Da taucht auf einmal Sina neben mir auf und plötzlich laufen mir Tränen über meine Wange. Sina guckt mich an, als hätte ich eine ansteckende Krankheit. Die Frau legt mir ihre Hand auf die Schulter und fragt: »Noch einmal ganz von vorn. Wie war das mit dem Känguru?« Da klingelt Sinas Handy. Sie nimmt es ans Ohr und fängt an, mit jemandem zu quasseln. Dann hebt sie die Hand und schlendert einfach so davon. »Man sieht sich«, murmelt sie noch oder irgendwas in der Art. Genau verstehen kann ich es nicht, dafür ist sie schon viel zu weit weg. Und es ist ja auch egal. Ich hab ein ganz anderes Problem. Eins, das mir die Luft abschnürt. Deshalb habe ich auch große Mühe, das mit Konrad und dem Känguru noch mal in aller Ruhe zu erklären.

Am liebsten würde ich gleich losrennen, um ihn überall zu suchen. Aber die Frau sagt, ich soll erst mal auf meine Mama warten. Die hat gut reden. Als sie kurz wegguckt, renne ich los. Weit kann er doch nicht sein, oder?

Wie der Blitz rase ich zur Rolltreppe. Von da aus kann ich das Erdgeschoss überblicken. Ich sehe alles Mögliche, auch Sina, die anscheinend eine Freundin getroffen hat. Von Konrad keine Spur.

Ich müsste das jetzt eigentlich in aller Ruhe angehen, aber das kann ich nicht. Ich hetze hierhin und ich hetze dahin. Ich schaue im Spielzeuggeschäft und bei der Eisdiele. Ich renne ins Parkhaus und wieder zurück. Ich gucke in den Aufzug und unter alle Bänke. Kein Konrad. Zwischendurch frage ich die Leute. Aber ich habe inzwischen so viel Rotz in der Nase, dass mich keiner versteht. Bloß das Wort Känguru verstehen sie alle und ein Mann mit Baseballmütze kann mir endlich zeigen, wo es ist.

Es steht jetzt vor dem Kaffeegeschäft. Im Zickzack rase ich durch die Menge, remple jemanden an, werde geschimpft, stolpere, stürze und kann mich gerade noch am Kängurufell festhalten.

»Kannst du nicht aufpassen?«, schimpft das riesige Tier. Sein Ton passt gar nicht zu dem freundlich grinsenden Plüschgesicht.

»Entschuldigung«, sage ich hastig. »Ich suche meinen kleinen Bruder. Er ist weg!« Das Känguru schweigt und verteilt weiter freundlich nickend seine Luftballons.

»Haben Sie ihn nicht irgendwo gesehen?«, rufe ich verzweifelt. »Er hat eine lilafarbene Mütze auf und ...!«

»Jetzt reicht's aber«, sagt das Känguru. »Ich bin hier doch nicht als Aufpasser angestellt. Da hätte ich ja viel zu tun.«

Ich schlucke und will noch etwas sagen.

»Mach, dass du wegkommst«, zischt das Känguru. Das klingt so böse, dass ich ganz plötzlich wieder anfange zu heulen. Nicht nur so ein bisschen, sondern richtig schlimm. Ich schluchze und schluchze. Rotz läuft mir aus der Nase, und ich hab kein Taschentuch.

»Nun hör aber auf«, sagt das Känguru. Aber ich kann nicht aufhören. Konrad ist weg und ich bin schuld. Wieso bin ich bloß mit Sina gegangen, die mich nicht mal leiden kann. Wenn ich ihn jetzt nie mehr wiederfinde? »O nein«, schreie ich laut, da wird es dem Känguru zu bunt und alle Leute bleiben stehen und starren mich an und ich kann überhaupt nicht mehr aufhören zu wimmern.

»Laura! Da bist du ja.« Ich blinzle. Es ist Mama, die das sagt.

»Mama«, krächze ich und da muss ich noch mehr heulen. Ich hab gar nicht gewusst, dass so viele Tränen in mir drin sind. Mama kommt und legt mir die Hand auf die Schulter und ich halte mich an ihr fest und erzähle ihr alles. Vor lauter Heulen habe ich jetzt einen Schluckauf, aber ich rede trotzdem weiter, bis Mama endlich versteht, was ich sage: »Konrad ist weg und ich weiß nicht wohin und ich bin schuld.«

»Oha«, sagt Mama. Es klingt, als würde sie schmunzeln.

Ich wische mir das Wasser aus den Augen und starre sie an. Und Konrad starrt mich an. Er hat den Kopf in den Nacken gelegt und betrachtet sehr interessiert, was für ein tolles Theater seine große Schwester da abzieht.

»Konrad!«, rufe ich und drücke ihn an mich und schmatze tausend Küsse auf seine verschmierten Babybäckchen. Ich bin so froh, dass ich fast schon wieder heulen muss. Aber Mama meint, wir brauchen jetzt erst mal was zur Beruhigung, und scheucht uns ins Eiscafé. Mit dem Eisbecher vor der Nase komme ich langsam wieder zu mir und erzähle alles noch mal ganz der Reihe nach. Es ist mir sehr unangenehm, weil Mama ja bestimmt sauer auf mich ist. Aber als ich fertig bin, nimmt sie meine Hand und sagt: »Tut mir leid, meine Große!«

Ich gucke sie sehr erstaunt an.

»Es stimmt schon«, fährt sie fort, »du hättest den kleinen Irrwisch nicht aus den Augen lassen dürfen. Aber ich habe euch auch viel zu lange allein gelassen in dem ganzen Trubel hier.« Mit einer Handbewegung deutet sie auf die vielen Menschen, die sich immer noch an den Läden vorbeischieben. Und dann sagt sie, dass sie für heute genug hat, genau wie ich es schon geahnt habe. Aber morgen, da gehen wir noch mal los. Nur wir beide. Konrad bleibt solange bei Papa.

»Das ist bestimmt besser so«, sagt Mama und wischt der liebsten Nervensäge von allen das Schokoladeneis von der Schnute.

WENDY, JOHN UND MICHAEL

Wie heißt ihr?
Wendy Darling, John Darling und Michael Darling.

Wie alt seid ihr?
Wendy ist die Älteste, dann kommt John
und Michael ist der Jüngste.

Wer hat euch erfunden?
James M. Barrie.

Wo wohnt ihr?
In London.

Was mögt ihr am liebsten?
Ins Nimmerland fliegen.

Wer sind eure besten Freunde?
Peter Pan und die verlorenen Jungs.

Was mögt ihr gar nicht?
Kapitan Hook.

Worüber könnt ihr lachen?
Über Peter Pan.

Was ist euer größter Fehler?
Wir werden zu schnell erwachsen.

Streitet ihr manchmal?
Klar.

Der mittelgroße Superhase

Ich heiße Tobias. T-O-B-I-A-S! Das ist wichtig. Das muss ich so laut sagen, sonst hab ich das Gefühl, gar nicht da zu sein. Aber ich bin da und nicht zu übersehen. Ich bin einen Meter und einunddreißig Zentimeter groß, meine Haare sind hellbraun und meine Augen haben die Farbe von Karamellpudding. Das sagt jedenfalls Oma, aber Oma ist viel zu selten da.

Ich sitze am Esszimmertisch und male ein Bild. Auf dem Bild ist eine Hasenfamilie. Vater, Mutter und mindestens dreizehn Kinder. Es sind Superhasen! Alle tragen ein Superhasenkostüm und wollen die Hasenwelt retten. Sie sind auf der Suche nach der Supermöhre. Nur wer von der Supermöhre gefressen hat, bekommt Superhasenkräfte. Die Hasen suchen und suchen. Zum Schluss findet das siebte Hasenkind die Möhre und dann rettet es alle anderen Hasen vor dem fiesen Fuchs. Wenn ich alle dreizehn Hasenkinder male, ist der siebte Hase der in der Mitte.

Die Supermöhre wird riesengroß. Andauernd muss ich den orangefarbenen Buntstift anspitzen.

Die Uhr tickt. Mama tippt auf ihrem Laptop. Ab und zu seufzt sie leise vor sich hin. Ich weiß gar nicht, was sie da macht. Vielleicht schreibt sie einen Brief ans Finanzamt. Finanzamt. Das ist etwas, vor dem Erwachsene sich fürchten. Kinder fürchten sich vor Monstern oder vor bösen Mördern, die heimlich unter dem Kinderzimmerteppich warten, bis das Kind eingeschlafen ist. Die Monster und die bösen Mörder im Kinderzimmer gibt es nicht. Aber das Finanzamt gibt es schon, sagt Mama.

Jetzt bricht der dumme Buntstift auch noch ab und ich muss ihn schon wieder anspitzen.

Ich höre Geräusche. Sie kommen von der Haustür. Jemand hat aufgeschlossen und wirft jetzt seine Tasche auf den Boden. Es klatscht und dann macht es doing, doing, doing.

Ich weiß genau, wer da kommt. Es ist mein Bruder Raffael mit seinem Fußball. Mama weiß das auch. Sie weiß es, ohne hochzugucken.

»Na, mein Großer«, sagt sie. »Wie war das Training?«

Raffael lässt seinen Fußball übers Parkett ditschen.

»Genial«, sagt er. »Ich bin der neue Mittelstürmer. Am Sonntag könnt ihr mich sehen. Wir machen die Seelbacher platt. Jede Wette!«

Mama lacht. Ich spitze den blauen Buntstift und male dem siebten Hasenkind ein Superhasencape. Es beißt von der Supermöhre ab und fliegt auf den Kirchturm. Ich drücke zu fest auf. Die Spitze vom blauen Buntstift kracht weg. Jetzt muss ich schon wieder spitzen.

Da knarzt eine Tür. Tapp, tapp, tapp, macht es. Nackte Füße patschen über den Steinboden im Flur. Es duftet plötzlich nach Babycreme und frisch gewaschenem Schlafanzug.

»Hallo, meine Kleine«, sagt Mama. Sie steht auf und hebt meine kleine Schwester auf ihren Schoß. Sophie reibt sich mit der kleinen Faust den

Schlaf aus den Augen. Ihre Backen sind noch ganz rot und die Haare verwuschelt vom Kopfkissen.

»Hast du ausgeschlafen?«, fragt Mama mit ihrer Babystimme.

Ich male dem Superhasen auf dem Kirchturm eine Sprechblase. »WAAAAH!«, macht der. So laut, dass die Hasenmutter in Ohnmacht fällt. Das ist die Chance für den fiesen Fuchs. Aber er hat kein Glück. Das siebte Superhasenkind stürzt sich vom Turm, schlägt den Fuchs in die Flucht, schnappt sich das Hasenbaby und bringt es in Sicherheit.

Mama steht auf und geht in die Küche. Sophie braucht ihren Brei und ihren Tee.

»Hast du Hunger?«, fragt sie Raffael.

»Wie ein Wolf«, sagt der. »Das Training war sehr anstrengend.«

Mama füttert Sophie und Raffael bekommt den Rest von der Pizza, die es heute Mittag gegeben hat.

Ich nehme mir ein neues Blatt. Jetzt male ich den fiesen Fuchs. Ich male, wie er sein Maul aufreißt und alle seine spitzen Zähne zeigt. Das ist kompliziert. Ich muss das Rot vom Fuchsmaul um das Weiß von den Zähnen herummalen.

Ein Auto hält vor dem Haus. Jemand steigt aus. Dann höre ich das blecherne Gerappel vom Garagentor. Das muss Papa sein.

»Jemand zu Hause?«, ruft er. Das ruft er immer, dabei weiß er genau, dass wir da sind.

»Hallo Paps«, rufen wir.

»Hallo Familie«, antwortet er dann. Das macht er auch jeden Tag und dann kommt er durch die Tür. Er ist so groß, dass er fast oben am Türrahmen anstößt. Trotzdem sagt er: »Na, mein Großer.« Er packt Raffael hinten am Kragen und schüttelt ihn ein bisschen hin und her. »Wie war das Training?«, fragt er. Raffael kichert. »Lass los, das kitzelt!«, ruft er.

Der fiese Fuchs braucht noch einen buschigen Schwanz und lange spitze Ohren. Ich suche das rötliche Braun. Wo ist das nur wieder hin? Ich schaue auf dem ganzen Tisch herum, aber das blöde Braun ist nirgends zu finden.

Sophie hat den ganzen Brei aufgegessen. Der Rest klebt in ihrem Gesicht und auf dem Schlabberlatz mit den kleinen Hasen drauf. Die Hasen auf dem Schlabberlatz sind hellblau und niedlich. Nicht so wie meine Superhasen, die sehen richtig gefährlich aus, besonders der Siebte.

Paps packt Sophie unter den Ärmchen und hebt sie hoch über seinen Kopf. »Hallo, meine Kleine«, sagt er. Sophie giekst. »Papa« kann sie noch nicht sagen. Jedenfalls nicht so, dass man es erkennt.

Auf einmal habe ich keine Lust mehr zu malen. Der fiese Fuchs ist noch gar nicht fertig. Ich suche jetzt nicht mehr nach dem braunen Stift und auch nicht nach dem schwarzen. Mit dem schwarzen Stift wollte ich die Fuchsaugen machen. So richtig schön wütende Fuchsaugen mit rabenschwarzen Augenbrauen wollte ich malen.

Stattdessen krieg ich jetzt selber eine Wut. Ich spüre sie zuerst im Bauch und dann kriecht sie immer höher und höher bis in meinen Hals.

»WAAAAH!«, brülle ich. Ich brülle so laut wie der Superhase auf dem Kirchturm. Ich springe auf und haue mit der flachen Hand auf den Tisch. Meine Stifte hopsen alle durcheinander. Sophie schaut mich ganz erschrocken an und die anderen drei reißen verwundert die Augen auf.

»Ich kann das nicht mehr hören«, rufe ich. »Immerzu: ›Mein Großer!‹ und ›Meine Kleine!‹. Nie sagt jemand: ›Mein Mittlerer!‹«
Ich stemme die Fäuste in die Seiten und gucke so böse, wie ich nur kann. Viel böser als der fiese Fuchs.

»Ups!«, sagt Papa.

»Oh!«, macht Mama.

»Da hat er irgendwie recht«, sagt Raffael.

»Mbrr«, macht Sophie. Ein bisschen Brei sprüht durch die Gegend. Da muss ich leider grinsen. Mama wischt den Brei von ihrem Pulli. Paps zaust mir durch die Haare. »Wie war dein Tag, mein Mittlerer?«, fragt er und grinst.

»Was machst du da eigentlich die ganze Zeit, Kleiner?«, fragt Raffael, grapscht nach meinem Bild und hebt es hoch.

»Ich bin nicht klein«, sage ich und muss lachen. Das Lachen kullert aus mir heraus, wie die Bläschen in der Limonade. Und dann erkläre ich denen, was ich gemalt habe. Raffael gefällt am besten das Maul vom fiesen Fuchs.

»Cool«, sagt er und dreht sich zu Mama und Papa um. »Der Kleine ist ein großer Künstler, was?«

»Stimmt«, sagt Mama. Sie legt mir ihren Arm um die Schulter. »Und mein mittelgroßer Superhase ist er auch.«

DIE SIEBEN GEIßLEIN

Wie heißt ihr?
Unser Jüngstes heißt jedenfalls Gucki.

Wer ist eure Mama?
Die alte Geiß.

Wer hat eure Geschichte aufgeschrieben?
Die Brüder Grimm.

Wo wohnt ihr?
Im Wald.

Was ist euer Lieblingsessen?
Kräutlein und Blättlein.

Wer sind eure besten Freunde?
Alle Tiere im Wald, außer dem bösen Wolf.

Was mögt ihr gar nicht?
Den bösen Wolf.

Worüber freut ihr euch am meisten?
Über unsere Befreiung.

Was ist euer größter Fehler?
Wir sind zu vertrauensselig.

Streitet ihr manchmal?
Ja, vor allem, wenn wir nicht wissen, ob wir die Tür aufmachen sollen.

Wer hat Angst vor Donner und Blitz?

Carlotta, Linus und Kim spielen im Garten. Zum Spielen ist es eigentlich viel zu heiß. Deshalb sitzt Kim bloß ein bisschen im Sandkasten herum und lässt den Sand durch ihre Patschhändchen rieseln, Linus hat sich im Holzschuppen verkrochen und Carlotta liegt im Schatten. Sie liest ein Bilderbuch. Carlotta kann schon viele Wörter lesen. Sie ist die Älteste und geht seit drei Wochen in die Schule.

Linus ist ganz neidisch, weil er noch fast zwei Jahre in den Kindergarten gehen muss. Zwei Jahre! Dabei ist er ja wirklich kein Baby mehr. Kim ist ein Baby und trotzdem kommt sie auch schon in den Kindergarten. Voll peinlich findet Linus das.

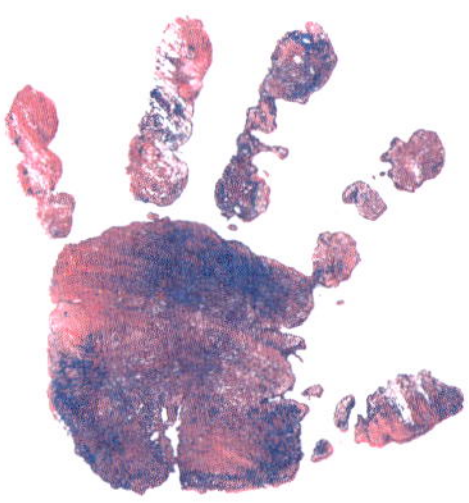

Mama erscheint auf der Terrasse und schaut sich um.

»Alles klar bei euch?«, fragt sie und bevor jemand antworten kann, ist sie schon wieder zurück im Haus. Carlotta hört sie hin und her rennen. Klapp, klapp, klapp, machen ihre Holzschuhe auf den Bodenfliesen. Carlotta gähnt. Um so schnell zu rennen, ist es doch viel zu heiß. Was Erwachsenen nur immer einfällt.

Als die Zeit zum Schlafengehen kommt, ist es immer noch heiß. Mama hat zum Abendessen kalte Suppe gemacht. Das ist das Beste bei diesem Wetter und trotzdem hat niemand besonders viel Appetit. Auch Linus nicht, dabei hat er sonst immer Hunger.

Jetzt sitzen die drei Kinder nebeneinander auf der Couch. Sie sind alle frisch geduscht, duften nach Zitronenschaum und haben ihre Schlafanzüge an. Mama hat versprochen, dass sie vor dem Zubettgehen noch eine halbe Stunde »Findet Nemo« gucken dürfen. Carlotta findet es zwar ungerecht, dass Kim auch schon mitschauen darf. Als sie selbst noch so klein war, hätte sie das jedenfalls nicht gedurft. Aber sie sagt nichts, sonst gibt es bloß wieder Ärger.

Mama legt die DVD ein und da klingelt das Telefon.

»Nein«, sagt Mama, »das geht nicht. Patti ist nicht gekommen.« Was sie sonst noch redet, hört Carlotta nicht, denn jetzt fängt der Film an und der kleine Nemo ist so süß und die Geschichte so spannend.

Als der Film zu Ende ist, klingelt das Telefon wieder.

»Nein«, sagt Mama, »Patti hat sich immer noch nicht gemeldet, Victoria ist nicht zu Hause und ich kann niemanden sonst erreichen. Es ist wie verhext.«

Victoria ist Mamas Freundin und Patti ist ihre Tochter. Patti kommt manchmal zum Aufpassen vorbei, wenn Mama und Papa abends wegmüssen.

»Es ist nichts zu machen«, ruft Mama ins Telefon und geht aufgeregt hin und her. Dann hört sie eine Weile zu. Ihre Stirn ist ganz kraus vom Nachdenken. »Also gut«, seufzt sie nach einer Weile. »Ich will sehen, was ich tun kann.« Nachdenklich legt sie das Telefon auf die Station, dann sagt sie: »Linus, Kim, wer von euch beiden zuerst im Bett ist, bekommt morgen eine Extraportion Eis.«

Was soll denn das? Carlotta will schon protestieren. Das ist ja total ungerecht. Aber dann sagt Mama: »Carlotta, kommst du mal bitte, ich muss etwas mit dir besprechen?« Ihre Stimme hört sich dabei an, als redete sie mit jemandem, der schon erwachsen ist. Und ein Erwachsener jammert ja wohl nicht wegen einer Kugel Eis, oder?

Und dann erklärt Mama, dass sie jetzt ganz dringend ein paar Unterlagen zu Papa ins Büro bringen muss und ihn dann zu einer wichtigen Sitzung im Stadtrat fahren muss. Das dauert nur zehn Minuten, sagt Mama, und sie sagt auch noch, dass Carlotta ja schon groß ist, und fragt, ob sie vielleicht mal für zehn Minuten auf ihre kleinen Geschwister aufpassen kann. Mama redet ganz atemlos. Carlotta kommt gar nicht zum Antworten. Aber das muss sie ja auch nicht. Ist ja wohl klar, dass Carlotta schon groß ist. Was denkt Mama denn? Und zehn Minuten sind ja wohl Pipifax. Das schafft sie doch leicht. Zehn Minuten. Pff, das ist ja nicht mal die Hälfte von dem fitzikleinen Stückchen »Findet Nemo«, das sie eben anschauen durften.

»Du bist ein Schatz«, sagt Mama und drückt Carlotta einen Schmatz auf die Wange. »Wenn was ist, rufst du mich einfach auf dem Handy an, ja?«

»Ja, ja«, sagt Carlotta. Wieso Mama sich überhaupt so aufregt, versteht Carlotta kein bisschen.

»Erster«, schreit Linus von oben und Kim setzt zu einem Wutgeheul an. Mama schnappt sich die Unterlagen, rennt noch schnell die Treppe hoch, um den Kleinen Gute Nacht zu sagen, verspricht allen dreien eine Extraportion Eis, schnappt sich ihre Handtasche, sucht rasch die Autoschlüssel, fragt noch einmal: »Alles klar?« und dann klappt die Haustür hinter ihr zu.

Auf einmal ist es ganz still im Haus. Linus und Kim sind wohl schon zu müde, um weiter zu streiten, und es ist ja auch immer noch so schrecklich warm.

Was macht man denn jetzt so, als große Aufpasserin? Wenn Patti da ist, macht sie es sich immer mit einem Apfelsaft vor dem Fernseher bequem. Das könnte Carlotta jetzt auch tun. Aber ohne die anderen ist das Wohnzimmer gar nicht mehr so gemütlich und der Fernseher steht so riesig und schwarz auf seinem Rollwagen. Ob da jetzt überhaupt was Interessantes kommt? Ob man als große Aufpasserin einfach so ins Bett gehen darf? Komischerweise ist das jetzt genau der Ort, wo Carlotta am allerliebsten sein möchte. Wie unpraktisch. Ausgerechnet jetzt, wo keiner da ist, der sie dort hinschicken möchte. Das ist aber auch zu dumm.

Sie geht die Treppe hoch und horcht. Bei Linus und Kim ist alles ruhig. In Carlottas Zimmer ist es auch ruhig und die Bettwäsche mit den bunten Buchstaben sieht so kühl und frisch aus. Es macht bestimmt nichts, wenn sie sich da ein bisschen obendrauf legt. Durch das gekippte Fenster sieht Carlotta hinaus in die Bäume. Es ist gar nicht mehr so hell, dicke dunkle Wolken ziehen über den Himmel. Jetzt weht auch noch ein frischer Wind und Regentropfen klatschen an die Scheibe. Das ist sehr gemütlich, findet Carlotta. Sie gähnt und kuschelt sich ein bisschen tiefer in das frische, knisternde Kopfkissen. Jetzt bloß nicht einschlafen. Denn das geht natürlich nicht, wenn man eine große Aufpasserin ist. Wie seltsam, dass die Augen trotzdem ganz von alleine zufallen wollen.

Und dann passieren plötzlich viele Sachen gleichzeitig. Rums!, macht es, am Himmel zucken Blitze, lauter Donner grollt und ein kräftiger Sturm lässt die Fensterläden gegen die Mauern krachen. Kim fängt laut an zu schreien und Linus fällt vor Schreck aus dem Bett.

Mit einem Satz ist Carlotta auf den Beinen und huscht zuerst zu Linus und dann ins Zimmer von Kim.

»Keine Angst«, sagt sie zu den beiden. »Das ist nur ein Gewitter. Überhaupt nicht schlimm.« Und als Kim trotzdem nicht aufhört zu schreien, fügt sie noch hinzu: »Mama muss jeden Moment wieder hier sein. Die zehn Minuten sind ja schon längst um.«

»Klar sind die um«, sagt Linus, der auf keinen Fall allein in seinem Zimmer bleiben wollte und deshalb jetzt neben Carlotta an Kims Kinderbettchen steht. Seine Stimme zittert, als er das sagt, und seine Knie schlottern wie Wackelpudding.

»Uaaah!«, schreit er auf, als ein riesiger Blitz das Zimmer für ein paar Sekunden ganz grell erleuchtet und schon eine Sekunde später ein ohrenbetäubender Donner kracht.

»Ist doch nur ein …« Gewitter, will Carlotta sagen, aber ihre Worte gehen schon im nächsten Donnern unter. Rums! Krach! Kawumm! Das will überhaupt nicht mehr aufhören. Linus hält sich die Ohren zu, Kim schreit und schreit.

»Mama«, schreit Carlotta. Dann räuspert sie sich. »Mama muss jeden Moment zurück sein«, sagt sie dann so beruhigend, wie sie nur kann.

In Wirklichkeit fragt sie sich, wo Mama eigentlich so lange bleibt. »Wartet mal hier«, ruft sie dann. Ihr ist eingefallen, dass sie die Mama ja übers Handy erreichen kann. Die Nummer ist im Telefon eingespeichert und zum Glück weiß Carlotta auch ganz genau, wo sie die Nummer finden kann. Sie lauscht den Wählgeräuschen und freut sich darauf, Mamas Stimme zu hören. Sie presst das Telefon gegen ihr linkes Ohr. Das rechte hält sie sich zu, weil das Gedonner da draußen einfach kein Ende nehmen will. »Tut-tuuut« macht es an ihrem Ohr und »Tüdelüdelüt« macht es irgendwo anders. Das ist der Klingelton von Mamas Handy. Wahrscheinlich steht Mama schon draußen vor der Haustür und sucht nur noch ihren Schlüssel. Ein Blitz zuckt vor dem Wohnzimmerfenster. Der Donner, der jetzt folgt, ist noch viel lauter als alle zuvor. Kim und Linus kreischen auf und genau in dem Moment sieht Carlotta Mamas Handy auf dem Flurschränkchen liegen. Mama hat es vergessen und das ausgerechnet heute.

Zur gleichen Zeit sitzt ihre Mutter hinter dem Steuer und durchwühlt ihre Handtasche. »Verflixt«, ruft sie und fährt sich verzweifelt durch die Haare. Sie steht mit dem Auto in einem dicken Stau. Es geht nicht vor und nicht zurück. Von ferne hört man Feuerwehrsirenen. Durch das plötzliche Unwetter ist die Unterführung in der Straße vor Papas Büro voll Wasser gelaufen. Das muss erst abgepumpt werden, bevor es weitergeht. Wie gern möchte sie jetzt ihre Kinder anrufen. Aber wie soll das gehen ohne Handy? Sie macht sich entsetzliche Sorgen. Noch nie hat sie die drei allein zu Hause gelassen und ausgerechnet heute passiert so etwas.

Carlotta schluckt. Was macht eine große Aufpasserin denn bloß in so einer Situation? Kim und Linus heulen wie die Schlosshunde und wollen sich gar nicht mehr beruhigen.

Schokolade beruhigt. Das sagt jedenfalls Oma immer. Oma ist schon alt und kennt sich aus. Rasch huscht Carlotta in die Küche, klettert auf einen Stuhl und macht den obersten Schrank auf. Da versteckt Mama immer die Süßigkeiten. Carlotta soll das eigentlich gar nicht wissen. Aber jetzt kann man ja sehen, wie praktisch es ist, wenn man Bescheid weiß.

»Bin gleich da«, ruft sie, fischt eine Tafel Vollmilchschokolade und eine mit Nugatfüllung aus dem Schrank. Gerade will sie wieder auf den Boden hüpfen, da zerreißt ein neuer Donner die Luft. Carlotta kriegt vor Schreck ganz große Augen und beißt sich dann schnell auf die Lippe. Geheult wird jetzt nicht. Das wäre ja noch schöner. Seit wann dürfen große Aufpasserinnen denn selber weinen? Sie wird jetzt mit der Schokolade nach oben gehen und ihren Geschwistern eine Geschichte vorlesen. Wie gut, dass sie schon in die Schule geht. Im Vorbeigehen nimmt sie sich noch einen Apfel aus dem Obstkorb, holt eine Flasche Saft aus dem Kühlschrank und greift sich die Taschenlampe von der Anrichte. Mit all diesen Schätzen bewaffnet trippelt sie auf nackten Füßen durch den Flur und springt schnell die Treppe wieder nach oben.

»Jetzt wird nicht mehr geweint«, ruft sie. »Jetzt machen wir ein Picknick, bis Mama wiederkommt.«

Ihre Mutter ist den Tränen nahe. Noch immer steht sie hier im Stau. Die Sorge um ihre Kinder macht sie ganz krank. Am liebsten würde sie nach Hause fliegen. Weil das nicht geht, fängt sie bloß an, ihre sorgfältig lackierten Fingernägel abzuknabbern.

Carlotta, Linus und Kim sitzen in Carlottas Bett. Aus der Bettdecke haben sie sich eine Höhle gebaut. Inzwischen ist auch noch der Strom ausgefallen. Aber das macht ja nichts, wenn man eine Taschenlampe hat und Schokolade noch dazu.

Es weint auch niemand mehr. Eigentlich ist es doch ganz spannend, hier im Warmen zu sitzen, während da draußen das Unwetter tobt und nicht hereinkann. Carlotta liest vor. Aus den Worten, die sie schon lesen kann, und den Bildern im Buch erfindet sie die tollsten Geschichten. Kim will, dass eine Prinzessin vorkommt, und Linus möchte einen Drachen. Kein Problem für Carlotta. Im Handumdrehen baut sie alles in das Abenteuer ein. Sogar ein fliegendes Schweinchen kommt vor und ein Eierbecher mit Düsenantrieb. Weil das so spannend ist, merkt keiner, wie unten die Tür aufgeht. Mama und Papa kommen gleichzeitig nach Hause. Mit zitternden Knien läuft Mama, gefolgt von einem sehr besorgten Papa die Treppe herauf.

Aber statt dem Weinen, das sie erwartet hat, hört sie Gekicher und Geglueckse. Und als sie ihre drei endlich gefunden hat, sagt Carlotta bloß: »Hallo Mama! Einen Moment noch. Wir müssen bloß noch schnell diese Geschichte zu Ende erzählen.« Erst dann dürfen Mama und Papa Kim und Linus in ihre eigenen Betten zurückbringen.

Das Gewitter ist längst vorbei und die beiden Kleinen sind so müde, dass sie sofort einschlafen. Jetzt will Mama noch nach Carlotta schauen.

»Ich bin sehr stolz auf dich«, sagt sie und legt Carlotta die Hand auf die Schulter. »Das hast du ganz toll gemacht«, erklärt Papa, der auch dazukommt. Carlotta strahlt und strahlt und beißt die Zähne aufeinander und strahlt und reißt die Augen ganz weit auf. Aber es nützt alles nichts, die blöden Tränen rollen nun doch über die Wangen. Und als sie einmal angefangen haben zu rollen, lassen sich auch die Schluchzer nicht mehr zurückhalten. Und dann wird die kleine, große Carlotta so sehr vom Weinen geschüttelt, dass Mama und Papa sich ganz erschrocken ansehen.

»Vielleicht«, schluchzt Carlotta und bekommt vor lauter Heulen auch noch einen Schluckauf. »Vielleicht bin ich doch noch nicht so groß, wie ich dachte.«

Mama nimmt ihre Tochter auf den Schoß und streicht ihr über den Kopf, bis sie sich ein bisschen beruhigt hat.

»Doch«, sagt Mama. »Du bist schon groß und sehr tapfer. Aber auch die Großen dürfen weinen und sich klein fühlen, wenn sie Angst haben.«

»Auch wenn die Angst Verspätung hat?«, fragt Carlotta.

»Auch dann«, sagt Mama und drückt ihr einen Kuss auf den Scheitel.

DAS DOPPELTE LOTTCHEN

Wie heißt ihr?
Lotte Körner und Luise Palfy.

Wie alt seid ihr?
Fast zehn.

Wer hat euch erfunden?
Erich Kästner.

Wo wohnt ihr?
Lotte in München und Luise in Wien und dann
Luise in München und Lotte in Wien.

Was ist euer Lieblingsessen?
Luise: Gefüllte Eierkuchen.
Lotte: Gefüllte Eierkuchen jedenfalls nicht.

Wer sind eure besten Freunde?
Trude, Christine, Monika.

Was mögt ihr gar nicht?
Fräulein Gerlach.

Worüber könnt ihr lachen?
Wenn uns die Leute verwechseln.

Was ist euer größter Fehler?
Luise ist sehr temperamentvoll und Lotte ein bisschen brav.
Aber sind das Fehler?

Streitet ihr manchmal?
Bis die Fetzen fliegen. Aber nur ganz am Anfang.

Na so was!

Annalenas Urgroßvater ist im Frühjahr schon neunzig Jahre alt geworden. Und dabei ist er fit wie ein Turnschuh. Das sagt er selbst: »Bin ich nicht fit wie ein Turnschuh?« Dann tippt er sich mit dem Zeigefinger an die Stirn und meint: »Und da drin ist auch noch alles in bester Ordnung!« Dabei schaut er sich um und wartet darauf, dass alle, die da sind, zustimmend nicken.

Alle, das sind Papa und Mama, Annalena und ihr großer Bruder Paul. Wenn alle genickt haben, ist der Opa zufrieden und vertieft sich wieder in eins von seinen verzwickt schweren Kreuzworträtseln.

Aber seit ein paar Tagen steht der Opa ganz oft grübelnd am Fenster und schaut nach draußen. Er sieht aus, als ob ihn etwas bekümmert. Annalena will ihm eine Freude machen, sie nimmt seine runzlige Hand und fragt: »Na, Opa, bist du heute wieder fit wie ein Turnschuh?«

»Ja, ja, ja!«, antwortet Opa zerstreut und wackelt nachdenklich mit dem Kopf. Dann guckt er wieder aus dem Fenster, als wenn es da draußen etwas Besonderes zu sehen gäbe. Aber da ist bloß die Wiese und der

Apfelbaum, die Buchenhecke, ein Stück von der Straße und auf der anderen Seite der hohe Bretterzaun. Alles sieht genauso aus wie immer. Nicht mal ein fremdes Auto fährt vorbei und auch Nachbars schwarze Katze ist diesmal nicht auf Mäusejagd.

Der Opa zupft traurig an seinem viel zu langen Ohrläppchen. Annalena weiß gar nicht, was sie noch sagen soll, und Zeit hat sie jetzt auch keine mehr. Sie muss dringend vors Haus gehen, um zu schauen, ob ihr neuer Freund wieder mit seinem Fahrrad unterwegs ist. Ganz ehrlich gesagt weiß Annalena nicht, ob der Junge wirklich ihr Freund sein will. Aber sie hätte das ganz gerne.

Vorgestern hat sie ihn zum ersten Mal getroffen. Er ist neu in der Gegend und heißt Mario oder so ähnlich. Annalena findet ihn witzig und nett und – aber das würde sie keinem verraten – ziemlich hübsch findet sie ihn auch. Er hat blonde kurze Haare, die kreuz und quer von seinem Kopf abstehen, blaue Augen und lustige Sommersprossen, die wie Farbspritzer übers ganze Gesicht verteilt sind.

Beim letzten Mal haben sie sich gegenseitig Witze erzählt. Annalena wusste einen, den er noch nicht kannte, und da hat er ganz laut und ganz lange gelacht. Die Jungs in ihrer Schule lachen nie. Die glauben tatsächlich, dass man nicht lachen darf, wenn ein Mädchen einen Witz erzählt. Annalena findet das ganz schön blöd. Und Opa, bei dem sie sich deswegen beschwert hat, findet es auch blöd.

Draußen ist es gar nicht so kalt, wie sie gedacht hat. Annalena holt ihr Snakeboard aus der Garage und übt Schlangenlinien fahren. Das kann sie schon ziemlich gut, viel besser als Paul. Zum Glück wohnt die Familie in einer Spielstraße, da dürfen die Autos nur ganz langsam übers Pflaster rollen und deshalb kann man hier ganz prima herumkurven. Annalena umrundet den Laternenpfahl und fährt im Zickzack an Meiers Zaun entlang. Dabei sieht sie sich immer wieder um, aber der blonde Junge will und will nicht auftauchen.

Erst als Mama zum Essen ruft, hat sie kurz das Gefühl, ihn hinter dem Zaun hervorgucken zu sehen. Aber da hat sie sich wohl getäuscht, denn genau in dem Moment saust er mit dem Fahrrad an ihr vorbei und winkt.

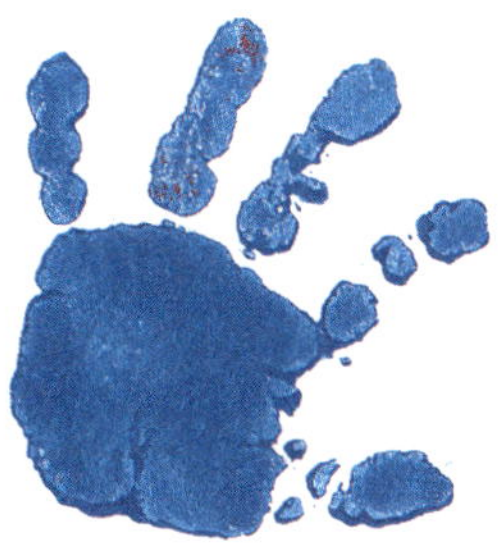

Mama hat Nudeln mit Pilzen gemacht. Das ist Annalenas Lieblingsessen, aber so hastig wie heute hat sie es noch nie aufgegessen. Sie will so schnell wie möglich wieder hinaus auf die Straße.

Der ganzen Familie schmeckt es, nur der Opa stochert lustlos auf seinem Teller herum.

»Hast du keinen Appetit?«, fragt Mama.

»Doch, doch«, sagt er und schiebt seine Nudeln von rechts nach links und wieder nach rechts.

Mama lächelt. »Du siehst aus, als hättest du ein Gespenst gesehen«, sagt sie und da zuckt er zusammen und wird ganz blass. Ja, glaubt denn der Opa noch an Gespenster? Das kann sich Annalena gar nicht vorstellen. Sie isst noch ein bisschen Obstsalat zum Nachtisch und dann springt sie auch schon auf, um sich die Jacke anzuziehen. Zum Glück ist ihr Bruder diesen Samstag mit Tischabräumen dran, denn Annalena hat jetzt keine Zeit. Paul hat beim Mittagessen einen neuen Witz erzählt und den muss sie unbedingt dem netten Jungen weitersagen.

Es ist doch ein Glück, dass der jetzt hier wohnt. Seit die Familie Wegener nach Hannover gezogen ist, gibt es hier nämlich viel zu wenig Kinder, mit denen man spielen kann.

»Tschüss Opa!«, sagt sie noch extra. Und damit er sich freut, fragt sie: »Spielst du nachher mit mir Memory?«

»Memory?«, fragt der Opa.

»Ja klar!«, sagt Annalena. »Das Spiel mit den doppelten Kärtchen.«

Bei dem Wort »doppelt« zuckt der Opa schon wieder zusammen. So, als hätte sie irgendwas Schlimmes gesagt. ›Komisch‹, denkt sie, schnappt sich ihre Mütze und geht nach draußen auf die Straße. Sie hat gerade den ersten Fuß auf das Snakeboard gesetzt, als der Junge angeradelt kommt.

»Ich habe einen neuen Witz!«, ruft sie, da bremst er ab, springt vom Rad und ruft: »Super! Lass hören.«

»Ich hab auch einen!«, sagt er, als Annalena ihren Witz erzählt hat und beide nicht mehr lachen müssen. »Der ist auch total witzig.« Er kichert schon bei dem Gedanken daran, aber dann weiß er plötzlich nicht mehr, wie der Anfang geht. »Fällt mir bestimmt wieder ein«, sagt er. »Wenn wir uns das nächste Mal sehen, erzähl ich ihn dir.« Er winkt einen kurzen Abschiedsgruß und ist schon um die nächste Ecke verschwunden.

›Jetzt hab ich ihn wieder nicht gefragt, ob er wirklich Mario heißt‹, denkt Annalena und dann gelingt ihr mit dem Snakeboard eine superschöne Acht. Zu dumm, dass das keiner gesehen hat. »Mal sehen, ob das auch zweimal klappt«, murmelt sie und nimmt noch einmal Schwung.

Das mit den Achten ist so eine Sache. Obwohl sie sich ganz doll anstrengt, so schön wie beim ersten Mal geht es nicht mehr. Sie übt und übt. Was sie einmal geschafft hat, wird sie ja wohl wieder schaffen können. Annalena ist so beschäftigt, dass sie den blonden Jungen, der die Straße entlangkommt, erst sieht, als er direkt neben ihr ist. Das lenkt sie für einen Moment ab, sodass ihr das Snakeboard unterm Fuß wegflutscht. Sie stolpert und landet unsanft auf dem Po. Zum Glück hat sie sich nicht wehgetan, aber erschrocken ist sie schon.

»Hoppla!«, sagt sie und grinst schief. Der Junge schaut sie an, als hätte er sie noch nie gesehen. Vielleicht ist er auch erschrocken. Annalena steht auf und klopft sich den Hosenboden ab. Der Junge ist schon ein paar Schritte weitergegangen. Was soll denn das jetzt?

»Ist es dir wieder eingefallen?«, ruft sie hinter ihm her. Da dreht er sich um und zuckt die Achseln. Vielleicht würde er etwas sagen, wenn nicht ausgerechnet jetzt ein Auto käme. Als es vorbei ist und die Sicht wieder frei wird, sieht Annalena, dass der Junge weitergegangen ist. Einfach so! Ohne ein Wort.

Sie stemmt die Hände in die Seiten und schaut ihm nach. Was hat denn der auf einmal? Fängt er jetzt auch so an wie die Jungs in ihrer Klasse? Und sie dachte, sie hätte vielleicht einen neuen Freund gefunden.

»War wohl nix!«, brummt sie wütend. Eigentlich ist sie auch ein bisschen traurig. Aber wütend ist besser. Mit voller Wucht pfeffert sie das Snakeboard an seinen Platz und stampft davon. Dann spielt sie halt mit dem Opa Memory, so wie sie es versprochen hat.

Sie findet ihn im Garten. Er steht auf einen Rechen gestützt da und seufzt ganz herzzerreißend.

»Was hast du denn?«, fragt Annalena erschrocken.

»Jetzt werde ich am Ende doch alt«, sagt der Opa und tippt sich an die Stirn. »Hier im Oberstübchen stimmt es ganz und gar nicht mehr.« Und noch bevor sie nachfragen kann, redet er weiter: »Ich sehe plötzlich zwei schwarze Katzen, wenn nur eine da ist!« Seine Stimme klingt so verzweifelt, dass Annalena lachen muss.

»Aber die Nachbarn haben ja wirklich zwei schwarze Katzen.«

Der Opa lächelt schief und kratzt sich am Kopf. »Es ist ja nicht nur die Katze. Den Bengel sehe ich auch andauernd doppelt!« Traurig deutet er hinaus auf die Straße, wo gerade dieser Mario vorbeibraust.

»Bin gleich wieder da«, ruft Annalena und saust wie ein geölter Blitz vors Haus. Ein paar Minuten später ist sie wieder zurück mit zwei Jungen im Schlepptau, die von Kopf bis Fuß genau gleich aussehen. Es hat gar nicht lange gedauert, Mario davon zu überzeugen, dass er schnell seinen Zwillingsbruder holen und mit ihm zum Opa gehen muss. Der Bruder heißt Martin und ist fast genauso nett wie Mario. Das merkt Annalena schnell, als sie kurz darauf zu viert Memory spielen. Der Opa hat schon ganz viele doppelte Kärtchen gefunden. Er reibt sich die Hände und lacht fröhlich. »Ich bin noch ganz schön fit im Oberstübchen, was?«, ruft er.

»Wie ein Turnschuh«, bestätigt Annalena.

»Aber echt!«, sagen Martin und Mario im Chor und kichern. Ist doch zu witzig, was sie immer wieder für eine Verwirrung stiften, nur weil sie Zwillinge sind.

»Mario, du bist dran!« Annalena stupst ihren neuen Freund von der Seite an.

»Moment!«, sagt der und ist immer noch am Kichern. »Mein Witz ist mir wieder eingefallen, den muss ich euch erst noch schnell erzählen.«

ROMULUS UND REMUS

Wie heißt ihr?
Romulus und Remus.

Wer sind eure Eltern?
Der Gott Mars und die Priesterin Rhea Silvia.

Wie alt seid ihr?
Älter als die Stadt Rom.

Wer hat euch erfunden?
Erfunden? Uns gibt es ja wohl wirklich, oder?

Wo wohnt ihr?
Auf den sieben Hügeln von Rom.

Was ist euer Lieblingsessen?
Wolfsmilch.

Wer ist eure beste Freundin?
Mamma Lupa, eine Wölfin, die uns Milch gegeben hat.

Was mögt ihr gar nicht?
Im Weidenkörbchen auf dem Tiber ausgesetzt zu werden.

Worauf seid ihr stolz?
Auf die Gründung der Stadt Rom.

Streitet ihr manchmal?
Und wie.

Geschwister streiten doch nicht

Gib das her«, schreit Lena und reißt ihrem Bruder den Plastik-Ritter aus der Hand.

»Das ist meiner«, brüllt Leon und grapscht wieder danach.

»Gar nicht wahr«, heult Lena. Sie packt die Figur mit beiden Händen, presst sie an die Brust und rennt die Treppe hoch. Mit polternden Schritten springt Leon hinter ihr her, greift nach dem Ritter, kriegt aber nur den Pullover seiner Schwester zu fassen.

»Maamaaa«, kreischt die. »Der Leon lässt mich nicht in Ruhe.«

»Gar nicht wahr.«

»Könnt ihr euch nicht vertragen?«, ruft Mama aus der Küche.

»Die nimmt mir immer alles weg«, ruft Leon zurück und »Gar nicht wahr«, brüllt Lena.

Mama seufzt und kommt zu ihnen in den Flur. Sie hat sich die Brille in die Haare geschoben und den Brief, den sie gerade lesen wollte, in der Hand.

»Was ist denn schon wieder los?«, fragt sie.
»Die nimmt mir immer alles weg.«
»Gar nicht wahr.«
»Das ist aber meiner.«
»Gar nicht wahr.«
»Wohl war.«
»Die lügt und lügt.«
»Überhaupt nicht.«
So geht das wild durcheinander. Mama hat keine Ahnung, worum es eigentlich geht. Auch als sie nachfragt, kriegt sie es nicht raus, obwohl Leon ihr sofort alles erklärt. Aber Lena will es natürlich auch erklären. Das, was Leon da sagt, stimmt ja überhaupt nicht, findet sie. Mama pustet mit dicken Backen Luft aus ihrem Mund.

»Geschwister sollten lieb zueinander sein und sich nicht dauernd streiten«, sagt sie. Das sagt sie immer. Lena und Leon kennen das schon.

»Aber manchmal muss man sich doch streiten«, sagt Leon und schielt nach seinem Ritter.

»Nein, muss man nicht«, sagt Mama. »Und jetzt vertragt euch wieder.« Der Brief in ihrer Hand raschelt. Sie will jetzt weiterlesen, das merkt man genau. Sie greift nach der Brille und schiebt sie wieder auf die Nase zurück. Über den Rand schaut sie ihre Kinder an.

»Alles wieder gut?«, fragt sie.

Leon und Lena sagen nichts. ›Wie kann alles wieder gut sein, wenn Lena einfach meinen schwarzen Ritter klaut‹, denkt Leon.

Lena schiebt die Unterlippe vor

und presst den Ritter noch ein bisschen fester an die Brust. ›Das ist überhaupt nicht Leons Ritter. Diesen Ritter hat Papa ihr mitgebracht. Er ist auch gar kein Ritter. Er ist ein Prinz, der die Prinzessin befreien soll. Die Prinzessin ist von einem fiesen Viech gefangen worden.‹ Das haben Lena und ihre Freundin gestern so beschlossen.

Die beiden warten mit dem Weiterstreiten, bis die Küchentür hinter Mama zugeklappt ist.

»Gib mir meinen Ritter wieder«, zischt Leon und Lena zischt zurück. Aber dann fällt Leon ein, dass die Lego-Burg noch eine Zugbrücke braucht und die muss fertig sein, wenn Korbinian zum Spielen kommt. Lena ist längst nach oben in ihr Zimmer gehuscht und hat ihren Prinzen unter dem Bett versteckt.

So eine Zugbrücke braucht viel Platz, vor allem der Wassergraben. Deshalb baut Leon den Wassergraben bis hinaus auf den Flur. Aber da führt Lena gerade das fiese Viech spazieren. Es braucht ein bisschen Auslauf, sonst frisst es die Prinzessin schon heute auf.

»Ich war zuerst hier«, ruft Lena.

»Der Flur gehört aber nicht dir allein«, schimpft Leon.

»Dir aber auch nicht«, gibt Lena patzig zurück. Mit großen Schritten stolziert sie mitten durch seine Legomauern. Das fiese Viech zieht sie hinter sich her. Es ist nichts kaputtgegangen, trotzdem heult Leon so, als wäre alles zerstört. Er packt das fiese Viech beim Schwanz und schleudert es die Treppe runter. Lena kreischt, als wäre sie selbst gefallen. Mit Beinbruch, Armbruch, Loch im Kopf. Mindestens.

»Ihr sollt euch doch vertragen«, ruft es von unten. ›Mama hat gut reden‹, denkt Lena, ›sie hat ja keinen Bruder. Deshalb weiß sie auch gar nicht, wie das ist.‹

Später kommt Korbinian zu Leon und Lena geht mit Alicia auf den Spielplatz. Aber am Abend, als die beiden zurück sind, gibt es wieder reichlich Gelegenheit zum Zanken. Lena möchte Sandmännchen gucken und Leon will irgendetwas anderes sehen, nur nicht Sandmännchen. Leon möchte Salami aufs Brot, aber es ist nur noch eine Scheibe da und die will Lena auch haben. Sie streiten, wer beim Zähneputzen auf dem rosa Hocker stehen soll und wen Mama zuerst ins Bett bringen soll. Mama ist ganz erschöpft, als die beiden endlich im Bett liegen.

Papa ist heute spät nach Hause gekommen. Er hat noch eine Geschichte vorgelesen und Gute Nacht gesagt. Jetzt ist es ganz still. Leon und Lena liegen in ihren Betten und sollen einschlafen. Aber das ist gar nicht so einfach, wenn es an der Haustür klingelt und man nicht weiß, wer da kommt. Da muss man ja leider noch mal kurz aufstehen, zur Treppe schleichen und sich auf die oberste Stufe setzen.

»Mach dich nicht so breit«, flüstert Leon und drückt Lena in die andere Ecke.

»Du machst dich doch selber breit«, zischelt Lena. Aber richtig streiten können sie jetzt nicht, sonst merken die da unten, dass sie nicht im Bett liegen.

Lena reckt den Hals. Den Mann, der da jetzt durch die Haustür hereinkommt, hat sie schon mal irgendwo gesehen.

»Onkel Paul«, flüstert Leon verwundert und da fällt es ihr wieder ein. Von dem Mann gibt es ein Foto, auf dem sind auch Oma und Opa drauf und deshalb hängt es an der Magnetwand in der Küche.

»Hallo Paul«, sagt Papa und nimmt dem Mann die Jacke ab. Mama kommt aus dem Wohnzimmer, sie sagt auch »Hallo«, aber Lena merkt, dass sie sich nicht freut. Das sieht man an ihrem Mund. Der ist immer schmal wie ein Strich, wenn ihr etwas nicht gefällt. Und blass ist sie auch. Lena bekommt langsam kalte Füße. Im Bett könnte sie sich unter die warme Decke kuscheln, aber dann würde sie ja nichts mehr hören. Sehen auch nicht. Und das wäre doch schade, wo es da unten gerade richtig spannend wird. Die drei gehen nämlich jetzt ins Wohnzimmer, aber sie unterhalten sich nicht freundlich, wie man das normalerweise mit Besuch tut. Nein, die fangen sofort an zu streiten. Leon und Lena rutschen ein paar Stufen runter, damit sie verstehen, was da gebrüllt wird.

»Du sollst doch nicht lauschen«, zischt Leon.

»Du aber auch nicht«, flüstert Lena und rutscht noch eine Stufe tiefer. Ganz genau kann sie zwar nicht verstehen, was da geredet wird, aber dass es um irgendetwas geht, das Mama gehört, begreift sie schon.

»Boah«, sagt Leon. »Der kann aber laut schreien, der Onkel Paul.« Lena nickt und reißt erschrocken die Augen auf. Sie hat gar nicht gewusst, dass erwachsene Menschen so laut brüllen können. Leon zuckt zusammen, als jemand mit der Faust auf den Tisch haut. Es kracht und man hört Gläser klirren. Jetzt schreit auch Mama, ihre Stimme klingt ganz hoch und schrill. Lena drückt das fiese Viech ganz fest an sich. Es fühlt sich jetzt an wie ein ganz normales Kuscheltier.

Irgendwann fliegt die Wohnzimmertür auf und der Mann, den Leon »Onkel Paul« genannt hat, stampft aus dem Zimmer.

»Du brauchst dich hier nie wieder blicken zu lassen«, schluchzt Mama hinter ihm her.

Der Mann grapscht sich seine Jacke von der Garderobe und brüllt zurück: »Das hatte ich auch nicht vor. Ich bin zehn Jahre lang ohne dich ausgekommen, dann kann ich das auch für den Rest meines Lebens.«

»Von mir aus. Hau doch ab«, heult Mama. Dann klappt die Haustür. Mama sieht aus, als wollte sie hinterherrennen.

»Lass ihn laufen«, sagt Papa.

»Aber er ist doch mein Bruder«, ruft Mama und fängt jetzt richtig an zu weinen. Papa legt seinen Arm um ihre Schulter und schiebt sie zurück ins Zimmer.

»Onkel Paul ist Mamas Bruder?«, flüstert Lena verwundert.

»Klar, was hast du denn gedacht?«, fragt Leon. Er rubbelt sich die Arme warm, gähnt und macht sich auf den Weg in sein Bett. Lena bleibt sitzen. Ihre Füße sind immer noch kalt, aber das ist ihr egal. Nach einer Weile steht sie entschlossen auf, packt das fiese Viech bei den Ohren und schleicht auf Zehenspitzen zuerst in ihr Zimmer und dann in das ihres Bruders.

»Leon?«, flüstert sie. »Bist du noch wach?«

»Mhm«, macht Leon und rutscht ein bisschen zur Seite, damit seine Schwester sich zu ihm ans Fußende setzen kann.

»Ih! Hast du Eiswürfel mitgebracht?«, fragt er, als sie ihre Füße unter seine Decke schiebt. Aber es klingt nicht unfreundlich, auch wenn er brummt: »Hast du wieder Angst vor Monstern?« Lena schüttelt den Kopf.

»Ist Onkel Paul wirklich Mamas Bruder?«, fragt sie nach einer Weile.

»Ja schon. Wieso willst du das wissen?«

»Deshalb«, sagt Lena und drückt den schwarzen Ritter direkt vor Leons Nase in die Bettdecke. Obwohl es dunkel im Zimmer ist, kann Leon ihn genau erkennen. Trotzdem macht er: »Hä?«

»Den kannst du haben«, sagt Lena, »obwohl es eigentlich meiner ist. Ich will nämlich nicht mehr mit dir streiten.«

»Nie mehr?«, fragt Leon enttäuscht.

»Na ja, vielleicht ab und zu schon noch ein bisschen.« Dann muss sie kichern. »Damit wir nicht aus der Übung kommen.«

»Genau!«, sagt Leon. »Aber übertreiben tun wir es nicht.«

Lena nickt. »Jedenfalls will ich niemals zehn Jahre lang nicht mit dir reden.«

»Nicht mal zehn Tage«, brummt Leon.

»Höchstens zehn Minuten.« Lena reicht ihrem Bruder die Hand.

»Na ja«, antwortet der und zwickt seiner Schwester freundlich in den großen Zeh. »Zehn Stunden dürfen es auch manchmal sein!«

»Aber keine Sekunde länger«, kichert Lena und zwickt zurück.

DiE WEASLEYS

Wie heißt ihr?

Bill, Charlie, Percy, Fred, George, Ron und Ginny.

Was habt ihr alle gemeinsam?

Unsere roten Haare und die Sommersprossen.

Wer hat euch erfunden?

Joanne K. Rowling.

Wo wohnt ihr?

Im Fuchsbau und in der Hogwarts-Schule.

Was ist euer Lieblingsessen?

Alles, was Muggel auch mögen.

Wer sind eure besten Freunde?

Harry Potter und Hermine Granger.

Was mögt ihr gar nicht?

Den, dessen Name nicht genannt werden darf.

Worüber könnt ihr lachen?

Uber den fast kopflosen Nick.

Was ist eure größte Schwäche?

Quidditch.

Streitet ihr manchmal?

Ständig!

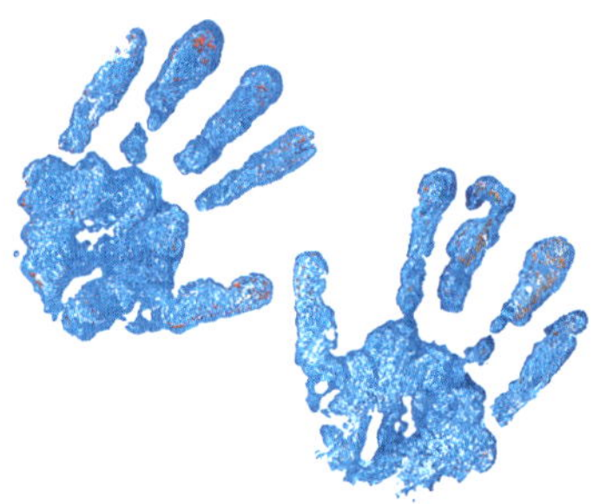

Paulas Papatage

MARIE Ich habe Paula gefragt, ob sie mit uns zum Bootfahren geht. Meine Mama hat Dienst im Krankenhaus und Papa hat gesagt: »Es ist so schönes Wetter. Da könnten wir den Fluss hinunterschippern. Wir suchen uns eine schöne Anlegestelle und dann grillen wir Würstchen.«

Weil wir noch einen Platz im Boot frei haben, habe ich gefragt, ob ich Paula mitnehmen darf. Papa hatte nichts dagegen und ich hab mich schon gefreut. Wenn Paula mitkommt, wird es bestimmt ganz toll.

Aber Paula kann nicht mitkommen.

»Ich habe Papatag«, hat sie gesagt.

»Papatag?«, hab ich gefragt und da hat sie erzählt, dass ihr Papa sie an jedem zweiten Wochenende abholt und dann machen sie was zusammen.

»Was macht ihr denn so?«, hab ich gefragt.

Und sie hat geantwortet, dass sie meistens erst mal Eis essen gehen und dann vielleicht ins Kino oder ins Schwimmbad oder in ein schönes Restaurant. Manchmal bleiben sie auch zu Hause und schauen sich eine DVD an.

»Nur ihr beide?«, hab ich gefragt und da hat sie genickt.

Während wir unsere Sachen für den Bootsausflug packen, stelle ich mir vor, wie Paula mit ihrem Papa Eis isst. Vielleicht fragt er sie, wie es in der Schule ist, oder was sie sich zu Weihnachten wünscht. Vielleicht will er auch wissen, ob ihr der Geigenunterricht Spaß macht, und dann kann sie sagen, dass ihr das gar keinen Spaß macht und dass sie viel lieber trommeln lernen will.

Ich würde das sagen, wenn mich jemand fragt, aber mich fragt ja keiner. Das kommt wahrscheinlich daher, dass ich nie mit Papa allein bin und mit Mama auch nicht. Da sind ja immer noch Timmy und Moritz und Benjamin, meine Brüder. Timmy ist älter als ich, dann komme ich, dann Moritz und dann Benjamin. Benjamin ist fast noch ein Baby. Nicht mal im Kindergarten ist der.

»Ihr bringt mich noch ins Grab«, sagt Papa, weil Timmy sauer ist wegen seinem Skateboard, das er nicht mit aufs Boot nehmen darf. Wenn er sauer ist, ärgert er Moritz und der schreit dann. Wenn Moritz schreit, will Benjamin meistens mitschreien oder er macht vor Schreck in die Windel.

Papa gibt Benjamin eine frische Windel und als er damit fertig ist, ist Moritz verschwunden. Erst war er beleidigt wegen Timmy, deshalb hat er sich im Baumhaus versteckt, aber dann war es ihm zu langweilig und er hat angefangen, wilder Schimpanse im Dschungel von Borneo zu spielen. Sofort will Timmy auch Schimpanse sein und ich eigentlich auch, aber Papa ruft, wenn wir nicht bald in See stechen, wird es dunkel und im Dunkeln kann er keine Würstchen grillen. Timmy kriegt einen Lachkoller, weil das ja ein Fluss ist, in den wir stechen wollen, Moritz lacht mit und fällt vor Lachen vom Baum. Deshalb braucht er ein Pflaster.

»Wirklich«, sagt Papa. »Ihr bringt mich noch ins Grab.« Aber er lacht, genau wie die anderen zwei und da merkt man ja gleich, dass er das gar nicht ernst meint.

Wir tragen unser ganzes Zeug ins Auto. Benjamin schreit, weil er nicht im Kindersitz sitzen will. Aber alle Kinder müssen im Kindersitz sitzen. Papa nicht, der muss ja fahren und das tut er jetzt auch. Er fährt bis zur Kreuzung und dann fragt er, ob jemand an die Schwimmwesten gedacht hat und dann fährt er wieder nach Hause zurück. Ohne Schwimmwesten dürfen wir nämlich nicht aufs Boot. Zu Hause muss Moritz noch mal aufs Klo und Timmy muss schnell seine Piratenflagge holen, aber dann geht es endlich los.

Paula hat ihr Eis jetzt bestimmt schon aufgegessen. Vielleicht sind die gerade auf dem Weg ins Kino oder in ein schönes Restaurant. Ich würde ins Restaurant wollen, nur Papa und ich. Der Kellner würde kommen und fragen, was die junge Dame – das bin ich – gerne speisen möchte und ob er uns die frisch gefangene Forelle nach Art des Hauses empfehlen könne.

»Nein danke«, würde ich sagen. »Lassen Sie die Forelle leben und bringen Sie uns lieber etwas Spaghetti mit Tomatensoße.«

»Spaghetti mit Tomatensoße?«, würde der Kellner fragen und ein Gesicht ziehen. »Möchten Sie nicht doch lieber etwas von unserem exzellenten Rinderbraten mit Prinzessböhnchen?«, und Papa würde sagen: »Bringen Sie der jungen Dame bitte genau das, was sie möchte, und nichts anderes.«

Dann würden wir uns unterhalten, über die Schule und über die Geige und so. Über alles würden wir reden, aber nicht über Timmy und nicht über Moritz und auch nicht über Benjamin.

PAULA Wir essen Eis. Jedes Mal essen wir Eis. Wir könnten ja auch mal was anderes machen. Aber was?

Ich pule die Maraschinokirsche aus meiner Sahne und sage: »Wir könnten ja auch mal was anderes machen.«

»Und was?«, fragt Papa. Und da weiß ich auch nicht weiter.

Marie geht heute mit ihrem Papa Boot fahren und hinterher wollen sie noch Würstchen grillen. Ich würde auch gern Boot fahren. Aber nur Papa und ich, das wäre vielleicht langweilig.

Bei Marie sind ja noch alle ihre Brüder dabei. Mit so vielen Leuten kann man ganz tolle Spiele spielen, Blinde Kuh und Sackhüpfen. Ich stelle mir vor, wie Papa und ich ganz allein über eine riesengroße Wiese sackhüpfen. Nee, das ist blöd. Dann lieber ins Kino.

Papa trinkt noch einen Espresso und ich schlürfe geschmolzenes Himbeereis aus dem Eisbecher. Die Bedienung tackelt auf ihren Absätzen um uns herum und am Nebentisch sitzt eine alte Dame. Sie macht: »Scht!« Aber sie meint nicht das Absatztackeln, das wirklich laut ist, sie meint das Geräusch, das ich mit meinem Strohhalm mache.

»Paula«, sagt Papa ein bisschen vorwurfsvoll, dabei lächelt er die alte Dame entschuldigend an.

Ich höre auf zu saugen, dabei bleibt jetzt das Beste vom ganzen Eis im Glas kleben. Mit dem Löffel kriege ich das nicht raus. Erwachsenen ist so was anscheinend egal.

Marie und ihre Brüder spielen jetzt bestimmt Piraten auf hoher See. Der Papa ist der Seeräuberkapitän und Benjamin ist der Schiffsjunge. Vielleicht darf Marie eine geraubte Prinzessin sein oder sie ist der Kapitän und der Papa ist der Steuermann. Er würde rudern und ganz laut singen: »Seeräuberhauptmann Fabian kotzt bei jedem Sturm ins Meer!« Und dann singen sie alle mit und haben es lustig. Die haben es sowieso immer lustig. Bei Marie zu Hause ist immer was los. Jeden Tag.

»Und, meine Süße, was machen wir jetzt?«, fragt Papa, als er gezahlt hat. Ich zucke die Achseln, heute habe ich irgendwie zu gar nichts Lust.

»Wir könnten Rad fahren«, sagt Papa. »Wie wär's?« Ich nicke. Rad fahren tue ich eigentlich gerne. Einmal sind wir ganz lange gefahren, Papa und ich, dann hatten wir Hunger und waren in einem Biergarten. Dort gab es einen Teich mit Enten und Gänsen. Sogar Ziegen hatten die und einen Bernhardiner als Hofhund. Papa hat mir von der Zeit erzählt, als er selber noch ein Kind war. Sein Opa hatte einen Bauernhof und dort gab es auch Ziegen und Enten und Gänse. Wir haben lange da gesessen und erzählt und erzählt. Das war schön.

Aber heute will ich nicht erzählen und auch nicht zuhören, heute will ich es mal lustig haben mit meinem Papa. Wir gehen zurück zu Papas Wohnung. Er holt die Fahrradhelme, prüft, ob genug Luft in den Reifen ist, und dann fahren wir los.

MARIE Die Jungen spielen Seeräuber, sogar Benjamin darf mitspielen, das darf er sonst nie. Papa macht auch mit. Er hat eine Augenklappe verpasst bekommen und findet das komisch.

»Johoho und die Buddel voll Rum«, schreit Moritz. Er schreit das schon zum hundertsten Mal, so langsam kann ich es nicht mehr hören. Ich hätte auch mitspielen sollen, aber ich habe keine Lust, schon wieder eine geraubte Prinzessin zu sein. Ich halte meine Hand ins Wasser und lasse sie in den Wellen plätschern. Ab und zu sehe ich Fische, aber die schwimmen schnell weg, als sie uns hören. Würde ich auch, wenn ich könnte.

PAULA Wir fahren und fahren immer am Fluss entlang. Papa ist schneller als ich, aber er ist nett und wartet an jeder Kurve auf mich.

»Ich würde ja gern neben dir herfahren«, sagt er, »aber es sind zu viele Leute unterwegs und der Weg ist viel zu schmal.«

Ich lächle ihn an, aber es ist anscheinend kein sehr fröhliches Lächeln.

»Hast du Hunger?«, fragt Papa deshalb besorgt. Aber ich habe keinen Hunger. Kein bisschen Hunger habe ich.

MARIE Wir bauen den Grill auf und laden den Picknickkorb aus dem Boot. Timmy hilft, die Grillkohlen anzuzünden. Papa zeigt ihm alles ganz genau, damit er sich nicht verbrennt. Moritz passt auf Benjamin auf und ich hole Wasser an der Quelle. Ich lasse mir Zeit. Bis das eine richtige Glut zum Würstchenbraten ist, dauert es bestimmt noch eine ganze Weile.

Beim Zurückgehen höre ich schon wieder das Piratengeheul. Ich puste alle Fallschirmchen von den Pusteblumen, die ich am Weg finden kann, und das sind viele. Trotzdem komme ich irgendwann wieder am Grillplatz an und da sehe ich zwei fremde Leute bei den Jungs stehen. Die zwei nehmen gerade ihre Fahrradhelme vom Kopf.

»Paula«, rufe ich und fange an zu rennen. Mensch, wie ich mich freue, sie zu sehen, und Paula freut sich auch.

»Ihr spielt ja wirklich Piraten«, ruft sie und lacht. Mein Papa übergibt die Augenklappe an Paulas Papa.

»Sie können gern mal für eine Weile übernehmen«, sagt er zwinkernd und streicht sich die Haare glatt.

PAULA Wir spielen. Papa ist der Seeräuberkapitän und ich bin eine geraubte Prinzessin. Eine Prinzessin, die Karate kann. Deshalb versetze ich alle Matrosen in Angst und Schrecken. Schon dreimal haben die sich versteckt und schon dreimal habe ich sie gefunden. Dann haben wir uns zusammengetan, die Matrosen und ich, und eine Meuterei angezettelt. Deshalb ist Papa jetzt an einen Baum gefesselt und muss bei Wasser und Brot verschmachten.

»Du sollst verschmachten«, rufe ich und muss so kichern, dass mir der Bauch wehtut.

»Ich tue mein Bestes«, japst Papa, aber das glaubt ihm kein Mensch, weil er auch dauernd kichern muss. Maries Brüder führen einen wilden Kriegstanz auf und heulen wie die Indianer, wir sind nämlich Apachen-Seeräuber. Timmy hat zwar gesagt, dass es so was nicht gibt. Aber ich habe gesagt, dass es im Spiel alles gibt, was man will.

MARIE Bis die Würstchen fertig gebrutzelt sind, bleiben wir noch hier sitzen, Papa und ich. Wir mussten noch mal neue Glut machen, weil die erste wieder ausgegangen ist. Die anderen waren zu sehr mit ihrem Piratenleben beschäftigt und wir haben auch nicht aufgepasst.

»Mach doch auch mit«, hat Paula gerufen, aber ich hatte keine Lust und Papa auch nicht.

»Ich ruhe mich ein bisschen aus«, hat er gesagt und sich auf den Steg gesetzt. Er hat die Füße ins Wasser gehängt und ich habe mich neben ihn gesetzt. Ganz mucksmäuschenstill war ich.

Es war Papa, der sich lieber unterhalten wollte. Und das haben wir gemacht. Das heißt, das machen wir immer noch. Wir reden über alles Mögliche, sogar über das mit der Geige. Ab Herbst gehe ich trommeln und Papa kommt mit. Er wollte nämlich auch schon immer mal trommeln.

»Da gehen aber nur wir beide hin«, sagt er. »Die anderen haben dazu bestimmt keine Lust.«

»Und Benjamin ist noch zu klein«, sage ich.

»Genau! Benjamin ist noch zu klein und die Geige bekommt Mama. Dann darf sie auch endlich wieder Geige spielen und wir passen auf Benjamin auf, während sie übt.«

»So machen wir's«, sage ich.

Langsam kriege ich Hunger und vielleicht habe ich nach dem Essen sogar wieder Lust, mit den anderen Blinde Kuh zu spielen. Wer weiß?

DiE BRÜDER LÖWENHERZ

Wie heißt ihr?
Karl und Jonathan Löwe.

Wie alt seid ihr?
Karl ist zehn und Jonathan dreizehn Jahre alt.

Wer hat euch erfunden?
Astrid Lindgren.

Wo wohnt ihr?
Zuerst in Stockholm und dann in Nangijala.

Was ist euer Lieblingsessen?
Kirschen aus dem Kirschtal.

Wer sind eure besten Freunde?
Wir sind die besten Freunde.

Was mögt ihr gar nicht?
Krank sein.

Wovor habt ihr Angst?
Vor dem bösen Tengil und dem Drachen Katla.

Worauf seid ihr stolz?
Die Angst überwunden zu haben.

Streitet ihr manchmal?
Alle Geschwister streiten manchmal, oder nicht?

Dann hol ich meinen großen Bruder

Gib das her, sonst hol ich meinen großen Bruder!« Das sagt Fabio immer, wenn er was von mir haben will. Zum Beispiel das Lego-Auto. Dabei ist das meins und nicht seins. Und bloß weil er ein Parkhaus gebaut hat, in dem jetzt ganz viele Autos parken sollen, denkt er, ich muss meins abgeben.

Er könnte ja auch einfach »Bitte« sagen, dann könnte ich mir das noch mal überlegen, aber so?

Wenn ich ihm das Auto nicht geben will, droht er wieder: »Dann hol ich meinen großen Bruder!« Meistens gebe ich ihm dann, was er will. Ich weiß ja nicht, wie groß Fabios großer Bruder ist. Der von Daniel ist riesig. Er ist fast erwachsen und er hat ganz dicke Muskeln, weil er immer schwere Gewichte stemmt. Aber Daniel sagt nie: »Dann hol ich meinen großen Bruder!« Vor dem hätte nämlich sogar Fabio Angst, da bin ich mir sicher.

Ich habe schon gar keine Lust mehr, mit Fabio zu spielen, aber er ist halt immer dabei, wenn Daniel und ich und ein paar andere auf den Spielplatz gehen.

Am besten, ich gehe gar nicht mehr mit auf den Spielplatz, denke ich manchmal. Und wenn doch, dann kriegt er einfach nichts von mir. Das nehme ich mir ganz fest vor. Er kriegt nur dann was, wenn er ganz lieb »Bitte, bitte« macht.

Aber dann gehen wir doch wieder zum Spielplatz und da will Fabio meinen Bagger haben, weil er sich bis nach China durchbuddeln will. Ich sage: »Nein! Das ist mein Bagger.« Und trotzdem grapscht Fabio danach und als ich nicht loslasse, knurrt er ganz gefährlich: »Gib her, sonst hole ich meinen großen Bruder!« Ich lasse nicht gleich los, er muss es schon noch ein paarmal sagen. Aber »Bitte, bitte« macht er nicht, bloß eine Faust macht er und dazu schaut er mich ganz böse an. Er fletscht sogar die Zähne, wie der Wolf in dem Film, der eigentlich für größere Kinder ist und wegen dem ich nachts nicht einschlafen konnte.

Wieso hat Fabio eigentlich einen großen Bruder und ich nicht? Einer wie er kriegt doch auch so alles, was er will.

Fabio buddelt ziemlich lange. Als es Abend wird, ist er zwar noch weit entfernt von China, aber das Loch ist schon ganz schön tief geworden. Sehr tief sogar.

»Kann ich jetzt endlich meinen Bagger wiederhaben?«, frage ich. So langsam geht mir das hier auf die Nerven und Hunger habe ich auch. Bestimmt hat Fabio auch Hunger, sonst würde er nicht so schnell nachgeben.

»Na, hast du schön gespielt?«, fragt Mama, als ich ins Haus komme.

»Geht so«, sage ich. »Dann wasch dir die Hände«, sagt sie und Clara ruft aus der Küche: »Da bist du ja endlich. Wir warten schon seit Stunden mit dem Essen auf dich.« Das ist natürlich Quatsch. Um sieben sollte ich zu Hause sein und jetzt ist es höchstens fünf nach sieben. Aber so ist meine Schwester halt. Immer muss sie übertreiben.

Es gibt Spaghetti mit Pfifferlingen. Pfifferlinge sind meine Lieblingspilze und Spaghetti mit Pfifferlingen ist mein absolutes Lieblingsessen. Aber ich nehme mir nur einen ganz normalen Schöpfer voll Soße, so wie alle anderen auch. Trotzdem schreit Clara gleich wieder los: »Der Tommy klaut sich alle Pilze aus der Soße.«

»Gar nicht wahr«, rufe ich und Mama sagt: »Ihr sollt doch nicht streiten.« Und Papa guckt streng über seine Brille. Ich seufze. Wirklich schade, dass ich keinen großen Bruder habe.

Am nächsten Tag muss ich ganz viel Hausaufgaben machen und als ich endlich fertig bin, habe ich gar keine Lust, auf den Spielplatz zu gehen. Fabio will sowieso bloß wieder meinen Bagger haben und wenn ich meinen Bagger nicht mitnehme, will er irgendwas anderes von mir. Wenn ich wenigstens einen großen Bruder hätte, aber so.

Clara muss keine Hausaufgaben machen, weil sie erst im Herbst in die Schule kommt. Deshalb ist sie schon längst mit ihrer Freundin im Garten. Die ganze Zeit habe ich die beiden da unten gickern gehört, während ich sauschwere Wörter schreiben musste. »Quark« zum Beispiel oder »Zirkusdirektor«.

Ich klappe mein Heft zu und gehe ans Fenster. Was machen die eigentlich? Clara hat eine Pappkrone auf dem Kopf, Isabell ist in eine rosa Gardine gewickelt. Wahrscheinlich spielen sie mal wieder Prinz und Prinzessin.

»Jetzt will ich mal die Prinzessin sein«, sagt Clara gerade und Isabell schüttelt den Kopf.

»Och komm, du hast es versprochen«, mault Clara. Isabell zieht die Gardine noch fester um sich herum und macht einen Schritt rückwärts. Clara stampft mit dem Fuß auf. »Du hast es versprochen!«

»Aber du kannst nicht die Prinzessin sein«, ruft Isabell. »Du hast ja gar keine langen Haare.« Das ist ziemlich gemein, finde ich. Isabell bildet sich immer so viel ein auf ihre blonden langen Locken. Claras Haare sind ziemlich kurz und haben eine ganz normale braune Farbe.

»Ausgemacht ist ausgemacht«, ruft Clara. An ihrer Stimme höre ich, dass sie kurz vorm Heulen ist. Sie greift nach der rosa Gardine, aber Isabell geht noch einen Schritt zurück.

»Los, gib das Kleid her«, heult Clara. »Sonst hol ich meinen großen Bruder.«

Da lässt Isabell tatsächlich los. Ich muss kichern. Die glaubt das tatsächlich, dabei hat Clara doch gar keinen großen Bruder. Isabell nimmt die Pappkrone und das Holzschwert. »Na gut«, sagt sie. »Aber nur eine Viertelstunde, dann bin ich wieder dran.«

Clara wickelt die rosa Gardine um ihren Bauch. »Pff«, macht sie und guckt zu mir hoch. Sie grinst, als sie den Stoff in ihrem Hosenbund feststopft.

Und da fällt es mir auf einmal ein. Der große Bruder, das soll ich sein. Wir sind zwar fast gleich groß, Clara und ich. Aber ich bin älter als sie. Über ein Jahr.

Wow, denke ich.

Jetzt hab ich es eilig. Ich schnappe meinen Bagger, sag Mama kurz Bescheid und renne zum Spielplatz. Diesmal will ich selber buddeln. Ich buddele zwar nicht bis nach China, aber einen Kanal will ich machen. Einen Kanal, auf dem Daniel sein Schiff fahren lassen kann. Wie der Blitz renne ich um die Ecken. Ich muss gar nicht groß rechts und links schauen. In unserer Siedlung fahren ja keine Autos.

Die anderen warten schon auf mich.

»Wo bleibst du denn?«, ruft Fabio. »Ich brauche deinen Bagger.«

»Den Bagger brauche ich heute selbst«, sage ich. Fabio wird sofort wütend. Er grapscht danach, aber ich lasse nicht los.

»Gib her«, sagt er und ballt die Fäuste. »Sonst hole ich meinen großen Bruder!«

»Mach doch«, sage ich. »Das macht mir kein bisschen Angst.« Er antwortet nicht, aber er kommt ganz nah an mich heran. Seine Nasenspitze ist jetzt dicht vor meinem Gesicht und seine Augen funkeln gefährlich.

»Bei mir ist der große Bruder nämlich schon da!«, füge ich hinzu und funkle böse zurück.

»Hä?«, macht Fabio.

»Da staunst du, was? Der große Bruder, das bin ich selbst!«, sage ich und fange ganz seelenruhig an zu baggern. Es gibt ja noch viel zu tun, wenn das ein Kanal werden soll.

MAX UND MORiTZ

Wie heißt ihr?
Max und Moritz.

Wie alt seid ihr?
Keine Ahnung.

Wer hat euch erfunden?
Wilhelm Busch.

Wo wohnt ihr?
In Ebergötzen.

Was ist euer Lieblingsessen?
Gebratene Hühner.

Wer sind eure besten Freunde?
Alle, die unsere Streiche lustig finden.

Was mögt ihr gar nicht?
Meister Müllers Federvieh.

Worüber könnt ihr lachen?
Über alles.

Was ist euer größter Fehler?
FEHLER?

Streitet ihr manchmal?
NIE!

Nils und der Oktopus

O Mann! Nils schließt die Wohnungstür auf und wirft seine Schultasche in den Flur. Mama ist noch nicht zu Hause. Bestimmt muss sie wieder Überstunden machen. In der Küche liegt ein Zettel, auf dem steht, wo Nils sein Essen finden kann und für wie lange es in die Mikrowelle muss, damit es warm wird. Außerdem steht da noch: »Ich hab dich lieb! Bis später, Mama.

»Ja, ja, ich hab dich auch lieb«, brummt Nils finster und schiebt die Unterlippe vor.

Der blöde Marvin aus der Schule muss sich sein Essen garantiert nicht selbst in die Mikrowelle schieben. Marvins Mutter ist immer zu Hause, wegen dem kleinen Baby, das sie vor Kurzem gekriegt hat. Das Baby ist Marvins kleinster Bruder. Er hat noch zwei andere, einen großen und einen, der nur ein bisschen jünger ist als Marvin. Mit seinen vielen Brüdern gibt Marvin immer total an. Der Große ist ein superguter Fußballer, der etwas Jüngere spielt ganz toll Akkordeon und der Babybruder ist so süß, wie kein anderes Baby auf der ganzen Welt.

Am allerblödesten ist, dass Marvin Nils immer damit aufzieht, dass

er überhaupt keinen Bruder hat. Nicht mal eine Schwester oder einen Halbbruder hat er. Nils hat nicht mal einen Hund. Dabei wünscht er sich schon immer einen. Einen Hund wünscht er sich und einen Bruder erst recht.

Das hat er auch schon zu Mama gesagt. Aber Mama hat bloß geseufzt und ihm durch die Haare gewuschelt.

»Wie stellst du dir das denn vor?«, hat sie gefragt und dabei die Wäsche in die Waschmaschine gestopft, Waschpulver dazugegeben und das richtige Programm eingeschaltet. So beschäftigt war sie mit der blöden Wäsche. Nils hat genau gemerkt, dass sie gar keine Antwort hören wollte. Was hätte er auch sagen sollen? Er weiß ja selbst, dass man auch einen Papa braucht, wenn man einen Bruder haben will. Ohne Papa geht es nicht. Nils hat ja auch einen Papa, aber der wohnt schon ganz lange im Himmel und guckt immer zu ihnen runter. Das sagt Mama jedenfalls.

»Wir könnten ja einen Bruder adoptieren!«, hat Nils es noch einmal versucht. Aber Mama ist bloß in die Hocke gegangen und hat den Wasserzufluss an der Maschine aufgedreht.

»Ach Nils!«, hat sie gesagt. An der Art, wie sie dabei geguckt hat, hat er gleich gemerkt, dass Mama die Idee überhaupt nicht gut findet.

Am Abend hat sie sich dann zu ihm ans Bett gesetzt und gesagt, wie froh sie ist, dass sie Nils hat und dass sie es sich doch auch zu zweit schön machen können. Sie hat ihm dabei durch die Haare gewuschelt und ihm einen Kuss auf die Nase gedrückt.

»Klar können wir das!«, brummt Nils jetzt und kickt seine Schuhe durch den Flur. Aber eine Mama ist eine Mama und kein Bruder. So ist das nun mal.

Nils macht sich das Essen warm, er isst alles auf und stellt den Teller anschließend in die Spülmaschine. Er macht alle Hausaufgaben, sogar die blöden Rechenbeispiele, auf die er überhaupt keine Lust hat. Die Uhr über der Küchentür tickt und tickt. Mama ist immer noch nicht zu Hause. Schon zweimal hat sie ihn mit dem Handy angerufen und gefragt, ob alles in Ordnung ist. Jetzt klingelt das Telefon wieder und Mama erzählt ganz aufgeregt, dass ihr die Straßenbahn vor der Nase weggefahren ist.

»Ist bei dir alles in Ordnung?«, fragt sie schon wieder.

»Klar!«, sagt Nils. »Ich habe alle Einbrecher im Klo eingeschlossen, das Krokodil in der Badewanne habe ich mit Ölsardinen gefüttert und das Monster unterm Bett spielt »Mensch ärgere dich nicht« mit mir.

»Ach Nils!«, sagt Mama und muss kichern.

Wenn Mama kichert, muss er auch kichern.

»Ich geh ein bisschen runter, bis du kommst!«, sagt Nils.

»Aber geh nicht zu weit weg. Ich beeile mich!«, sagt Mama.

Nils fischt seine Schuhe unter dem Flurschränkchen hervor, zieht Jacke und Mütze an, nimmt den Schlüssel vom Haken und zieht die Wohnungstür hinter sich zu. Draußen nieselt es und ein kühler Wind weht um die Häuser. Nils zieht die Mütze tiefer ins Gesicht und schaut sich um.

Der Spielplatz liegt leer und verlassen da. Bei dem Wetter hat niemand Lust, im Sand zu graben oder die Rutsche hinunterzurutschen. Dabei ist das eine Superrutsche mit tollen Kurven und zwei Röhren, durch die man flutschen muss. So eine Rutsche gibt es in der ganzen Stadt nicht noch mal. Wegen der kommen auch Kinder aus anderen Stadtteilen hierher. Auch Marvin und sein mittlerer Bruder sind manchmal da. Sogar der Größere taucht ab und zu auf, aber der geht natürlich nicht mehr auf den Spielplatz. Der kurvt nur so ein bisschen mit dem Skateboard herum und redet mit Annabelle Meier aus dem Haus Nummer 16.

Nee, echt. Manchmal geht in dieser Straße richtig die Post ab. Aber heute ist einfach nur tote Hose. Plitsch, plitsch, tropft das Wasser von den Zweigen. Nils schiebt die Hände in die Taschen und zieht die Schultern hoch. Wenn man einen Bruder hätte, wäre immer jemand zum Spielen da. Aber so?

Vielleicht hätte er Ismael anrufen sollen, aber der ist bestimmt wieder beim Geigenunterricht, so wie immer in letzter Zeit. Ismael spielt im Kinderorchester und will später mal ein berühmter Dirigent werden. Nils seufzt und trottet trotz Regen zu der Riesenrutsche. Rutschen ist immer eine gute Idee, auch wenn er dabei heute bestimmt einen nassen Po bekommt. Langsam wie eine Schnecke steigt er die lange Leiter nach oben. Das Metall macht seine Hände eiskalt. Nils rümpft die Nase. Ob sein Po genauso kalt wird, wenn er erst mal nass ist?

»Hai-Alarm!«, ruft da jemand von unten. Nils reckt den Hals, kann aber niemanden entdecken.

»Ergibst du dich, oder soll ich dich mit meiner Harpune erlegen?«

»Dafür musst du mich erst mal kriegen«, ruft Nils und nimmt Schwung, um wie ein geölter Blitz, die Rutsche hinunterzuschlittern und dann mit ein paar schnellen Sprüngen davonzurennen. Da taucht direkt vor ihm in der Röhre ein Gesicht auf. Jemand ist die Rutsche verkehrt herum hochgekrochen. Der Jemand hat dunkle Strubbelhaare, leicht abstehende Ohren, einen breit grinsenden Mund und eine Taucherbrille mitten im Gesicht.

»Dich hab ich doch schon mal irgendwo gesehen«, sagt Nils.

»Wahrscheinlich im Marianengraben!«

»Hä?«, macht Nils.

»Aha!«, sagt der fremde Junge. »Die Sprotte hat keine Ahnung von der Tiefsee.«

»So ein Quatsch!«, sagt Nils. Natürlich hat er Ahnung von der Tiefsee. Mit Mama hat er schließlich *Findet Nemo!* angeschaut. Das erzählt er auch dem fremden Jungen. Da kann er mal sehen, wer sich auskennt.

»Super!«, ruft der Junge und pfeift anerkennend durch die Zähne. Dann können wir zusammen spielen. Ich bin Nemo und du bist Dorie. Wie wär's?

Nils hat anscheinend ziemlich skeptisch geschaut. Der Junge nimmt die Taucherbrille ab und stülpt sie Nils über den Kopf. »Na gut, wegen mir kannst du Nemo sein, ich bin genauso gern Dorie, oder warte, vielleicht bin ich auch ein Oktopus, die sind nämlich wahnsinnig schlau. Oder willst jetzt du lieber ein Oktopus sein?«, fragt er und grinst.

»Nein, nein!«, sagt Nils. »Nemo ist schon okay. Aber vielleicht verrätst du mir mal, was der Marianengraben ist.«

Der Marianengraben ist die allertiefste Stelle, die es unter Wasser gibt. 11000 Meter unter dem Meeresspiegel. Der Junge erklärt alles ganz genau. Und es ist natürlich Quatsch, dass sie sich da schon mal gesehen haben. In so großer Tiefe kommen Menschen nämlich gar nicht zurecht. Es sei denn, sie sind in einem ganz speziellen Unterseeboot unterwegs. Inzwischen ist Nils auch eingefallen, wo er den Jungen schon mal gesehen hat. Das war vor ein paar Tagen nach der Schule. Der Junge stand auf der Ladefläche von einem großen Lastwagen und hat zu ihm runtergegrinst. Nils hat zurückgegrinst. Aber dann ist Marvin aufgetaucht, hat irgendwas Blödes gerufen und da ist Nils schnell ins Haus gegangen. So war das.

»Was hast du da oben auf dem Lastwagen gemacht?«, fragt er jetzt.

»Ich hab Möbel abgeladen«, sagt der Junge stolz. »Wir sind umgezogen und wohnen jetzt da!«

»Pah, das wüsste ich aber«, sagt Nils und tippt sich an den Kopf. Da wo der Junge hindeutet, ist ja seine eigene Wohnung.

»Wetten? Ich zeig's dir«, ruft der Junge, zupft Nils am Ärmel, schwingt sich in die Röhre und ruft dann von unten: »Nun komm schon!«

Na, da ist Nils ja mal gespannt. Langsam lässt er sich die Rutsche hinuntergleiten und stapft neben dem Jungen her. Der geht direkt auf das Haus zu, in dem Nils mit seiner Mutter wohnt. Aber dann geht er doch

nicht dort hinein. Mit großen Schritten steuert er auf das Haus daneben zu.

»Sind wir etwa Nachbarn?«, fragt Nils.

»Scheint so!«, sagt der Junge.

Als sie oben sind, kichert Nils. »Wenn wir die Wand durchbrechen würden, kämen wir direkt in meinem Zimmer raus.«

»Echt?«, ruft der Junge und wirft sich mit der Schulter gegen die Mauer. Jetzt kichert er auch und dann zeigt er Nils die große Unterwasserwelt, die er aufgebaut hat. Sogar richtige Tiefseefische, die im Dunkeln leuchten, hat er sich gebastelt und eine Menge Bücher sind auch da. Nicht nur welche für Kinder, sondern sogar welche mit richtigen Fotos für Erwachsene. Es gibt eine Menge zu erzählen und zu schauen. Der Junge führt Nils durch die ganze Wohnung, das ist lustig, denn sie sind ja jetzt Nemo und Oktopus und die müssen sich durchs Wasser schlängeln. Auf keinen Fall dürfen sie einfach normal gehen. In der Wohnung wohnen noch eine Mama, ein Papa und eine kleine Schwester. Der Papa ist gerade nicht da, die Mama und die kleine Schwester sind in der Küche. Nils sagt: »Guten Tag«, und sein neuer Freund erbeutet ein paar Kekse. Dann schlängeln sie weiter bis hinaus auf den Balkon. Es nieselt gar nicht mehr, sogar die Sonne scheint ein bisschen durch die Wolken.

Der neue Freund blinzelt in die Sonne. »Vielleicht sind wir auch Tiefseeforscher und schwimmen bald tagelang in einer Tauchkugel über dem Meeresgrund herum.« Er dreht sich zu Nils um. »Wenn wir da schon so eng zusammensitzen müssen, könnten wir eigentlich Blutsbrüder werden, was meinst du?«

Nils strahlt. »Na klar!«, sagt er. »Aber eins muss ich vorher noch dringend wissen?«

»Und was?«, fragt der andere erstaunt.

Nils kichert. Ich wüsste schon gern, wie mein neuer Bruder eigentlich heißt. In echt, meine ich.«

Die ganze Prozedur hat ziemlich lange gedauert. Erst mussten Nils und Pavel eine ganze Weile kichern, dann mussten sie sich blutroten Saft aus der Küche besorgen und feierlich trinken. Sie mussten schwören, sich nie im Stich zu lassen, auch nicht, wenn sie unter Wasser dem Weißen Hai begegnen und dann mussten die beiden noch eine Menge Pläne für die nächsten Tage machen.

Als Nils endlich wieder in seiner eigenen Wohnung eintrudelt, macht sich seine Mutter schon Riesensorgen. Sie hat schon die ganze Siedlung nach ihrem Sohn abgesucht. Das wollte Nils natürlich nicht. Aber an einem Tag, an dem man ganz plötzlich einen Bruder bekommt, kann so was vielleicht ausnahmsweise mal passieren.

Uns das sieht Mama dann schon ein, irgendwie!

TICK, TRICK UND TRACK

Wie heißt ihr?
Tick, Trick und Track Duck.

Wie alt seid ihr?
Wir sind alle genau gleich alt.

Wer hat euch erfunden?
Walt Disney.

Wo wohnt ihr?
In Entenhausen.

Was ist euer Lieblingsessen?
Entengrütze.

Wer sind eure besten Freunde?
Dicky, Dacky und Ducky.

Was mögt ihr gar nicht?
In die Badewanne müssen.

Worüber könnt ihr lachen?
Über Onkel Donald.

Was ist euer größter Fehler?
Wir schnattern zu viel.

Streitet ihr manchmal?
Wir halten immer zusammen, vor allem, wenn Onkel Donald ausflippt.

Schultütenkrimi

Johanna kommt in die Schule. In ein paar Tagen ist es so weit. Sie ist schon ganz aufgeregt.

»Noch dreimal schlafen!«, ruft Johanna am Morgen. Es ist Sonntag. Mama, Papa und Jasper sitzen schon am Frühstückstisch, als sie in die Küche gehopst kommt. Mit Schwung klettert sie auf ihren Stuhl und grapscht nach der Müslitüte.

»Pfff!«, macht Jasper und guckt seine große Schwester finster an. So viel Gesumse wegen der blöden Schule. Er beißt in sein Brötchen, kaut und wippt mit den Beinen, so als ob ihn das alles nichts anginge.

Mama gießt sich eine Tasse Kaffee ein und sagt: »Heute müssen wir mit deiner Schultüte weitermachen, sonst werden wir nicht mehr rechtzeitig fertig.«

»Das wird die beste Schultüte auf der ganzen Welt«, findet Johanna. Mama hat aus blauer Pappe eine riesige, spitze Tüte geklebt. Ganz oben ist hellgrünes Krepppapier angebracht, das mit einer gelben Schleife zugebunden wird.

E F
2 3

»Schön!«, sagt Johanna.

Aber das Allerschönste werden die Verzierungen. Johanna, Mama und Papa schneiden aus buntem Papier lauter Muscheln und Meerestiere aus. Sogar Jasper hat einen glitzernden Fisch ausgeschnitten. Der ist bloß ein kleines bisschen schief geworden, aber das macht nichts. Was jetzt noch fehlt, ist die kleine Nixe und der Wassermann. Die beiden kommen in Johannas Lieblingsgeschichte vor und deshalb möchte sie diese Figuren auf ihrer Schultüte haben.

»Ganz schön blöd!«, brummt Jasper. Er möchte lieber Urwaldmonster und Astronauten haben. Aber ihn fragt ja keiner. Bloß weil er noch ein ganzes Jahr in den Kindergarten gehen muss.

»Ungerecht!«, sagt Jasper.

Endlich ist die Tüte fertig. Stolz hält Johanna sie im Arm.

»Pass auf, dass du sie nicht zerdrückst!«, sagt Mama. »Es ist ja noch nichts drin.«

Aber Johanna ist sowieso ganz vorsichtig. Sie möchte nur einmal über den Hof gehen. Mit dem neuen Schulranzen und der Schultüte. Papa hält ihr die Tür auf. Das ist ein Gefühl. Jetzt ist sie endlich groß. Fast so groß wie die Nachbarjungen, die auf ihrem Fahrrad im Hof herumkurven. Johanna reckt die Nase in die Luft und schreitet wie eine Königin.

›Ich klingle noch schnell bei Leon‹, denkt Johanna und ist schon unterwegs. Leon ist Johannas bester Freund und wohnt gleich um die Ecke. Er kommt auch in die Schule. In dieselbe Klasse wie Johanna.

Aber kurz bevor sie Leons Gartentürchen erreicht hat, kreuzen die großen Jungs auf ihren Fahrrädern wieder auf.

»Guckt mal, was das Baby da hat!«, brüllt der lange Bertie.

»Da ist bestimmt jede Menge Schokolade drin«, schreit der dicke Achmed.

»Gibst du uns was ab?«, kreischt der freche Tom und fährt ganz dicht um Johanna herum.

Zum Glück kommt in dem Moment Leon mit seinem Papa zur Tür hinaus.

»Pfff!«, macht Johanna und streckt den dreien die Zunge raus.

Noch zweimal schlafen, noch einmal schlafen. Am Dienstag hält Johanna es kaum noch aus. Die Schultüte liegt bis zum Rand gefüllt auf dem Schränkchen im Flur und daneben steht der Schulranzen. Morgen ist es so weit. Aber wie soll man das aushalten bis dahin. Johanna nimmt ihr Federballspiel und geht rüber zu Leon. Leon ist vor lauter Aufregung ganz zappelig und mag kein Federball spielen. Aber Leons Papa will Waffeln backen. Da haben sie alle Hände voll zu tun. Jemand muss die Eier aufschlagen. Das macht Leon. Jemand muss den Teig rühren. Das macht Johanna. Als alle Waffeln gebacken und aufgegessen sind, ist der Nachmittag schon fast vorbei.

»Noch einmal schlafen!«, sagt Johanna zu Leon, als sie sich verabschiedet. Im Flur stehen Leons Schulranzen und seine Schultüte. Die ist mit Ozeandampfern und Segelfliegern beklebt. Leon will nämlich Kapitän oder Pilot werden.

›Schön!‹, denkt Johanna. ›Fast so schön wie meine!‹ Auf einmal hat sie es sehr eilig, nach Hause zu kommen. Sie will sich die kleine Nixe und den Wassermann noch einmal genau angucken und den beiden sagen, dass es morgen endlich losgeht mit der Schule. Wie ein Wirbelwind rennt Johanna in den Flur. Da steht der Schulranzen mit dem Seepferdchen-Muster. Aber der Platz auf dem Flurschränkchen ist leer.

»Mama!«, brüllt Johanna. »Wo ist meine Schultüte?« Aber Mama ist noch in der Gymnastikstunde und kann sie nicht hören. Papa steht in der Küche und brutzelt Fleisch fürs Abendessen.

»Meine Schultüte ist weg!«, schreit Johanna.

»Das kann ja gar nicht sein!«, sagt Papa, lächelt freundlich und wendet sich sofort wieder der zischenden Pfanne zu.

»Meine Schultüte ist weg!«, sagt Johanna zu Jasper, der im Wohnzimmer liegt und zum hunderttausendsten Mal die Geschichten von Pu, dem Bären, anhört.

»Geklaut?«, fragt Jasper und reißt erschrocken die Augen auf. Die beiden rennen in die Küche. »Geklaut?«, fragt Papa und lacht. »Das kann ja gar nicht sein! Vielleicht hast du sie in deinem Zimmer?«

»Sie ist weg!«, ruft Johanna noch einmal laut. Aber Papa rührt schon wieder in der Pfanne. »Aber …«, sagt sie noch. Doch Papa hört schon nicht mehr zu. Das merkt sie genau.

Wütend stürzt sie in den Flur und wählt die Nummer von Leon.

»Ich komme sofort rüber!«, sagt Leon. Zwei Minuten später ist er da und hat auch noch seinen Cousin Ben zur Verstärkung mitgebracht. Ben ist schon in der zweiten Klasse und gehört dort zu einem Detektivclub. Er freut sich, dass es endlich mal was zu tun gibt. Auf ein echtes Verbrechen wartet er schon lange.

Ben beginnt sofort mit der Spurensuche. Aber außer einer alten Socke sind im Flur keine verdächtigen Gegenstände zu finden.

»Ha!«, ruft er und hält die Socke triumphierend in die Höhe. Aber Johanna zuckt bloß mit den Schultern.

»Das ist meine!«, sagt sie traurig.

Nachdem Ben Johanna befragt hat, sind sich die Kinder ziemlich sicher, dass als Täter nur der lange Bertie, der dicke Achmed oder der freche Tom infrage kommen.

»Wir müssen ihnen auflauern«, sagt Ben und rückt mit wichtiger Miene seine Brille zurecht.

»Wir müssen uns in ihr Geheimversteck schleichen«, sagt Johanna.

»Geheimversteck, so, so!«, sagt Ben und kritzelt etwas in das Notizbuch, das er aus seiner Hosentasche gezogen hat.

Dann guckt er Johanna über den Rand seiner Brille an.

»Darf ich mal eben telefonieren?«, fragt er genau wie ein Detektiv im Fernsehen.

Während Ben mit Tarik und Leila, den anderen Detektiven aus seinem Club, telefoniert, fragt Johanna Papa, ob sie noch mal kurz rausdarf.

»Ja, ja«, sagt Papa und wischt sich mit dem Ärmel über die Augen. Er ist gerade dabei, Zwiebeln für den Salat zu schneiden. »Aber Jasper bleibt hier!«

»Eh klar«, sagt Johanna und Jasper streckt ihr die Zunge raus.

Das Geheimversteck der drei großen Jungen ist am Bahndamm in einer kleinen Hütte, gut versteckt hinter einem Busch. Es ist wirklich streng geheim, aber Johanna und Leon haben es trotzdem längst entdeckt.

»Bertie, Achmed und Tom sind beim Fußballtraining«, sagt Tarik. Er ist noch ganz außer Atem, so schnell ist er gerannt.

»Dann haben wir also freie Bahn«, meint Leon.

»Auf geht's!«, sagt Johanna. Sie ist ganz sicher, dass die Schultüte in der Hütte ist. ›Hoffentlich ist sie noch heil‹, denkt sie, während sie am schnellsten von allen zum Bahndamm rennt. Leila muss Wache stehen, falls doch noch jemand auftaucht. Alle anderen robben durch das Gebüsch bis zur Hütte. Mit einem hässlichen Quietschen dreht sich die Tür in den Angeln.

»Das ist also das tolle Geheimversteck«, sagt Leon und rümpft die Nase. Hier drin gibt es wirklich nichts Besonderes. Ein paar alte Bretter und ein Stapel vergilbte Zeitungen, das ist alles. Weit und breit keine Schultüte. Nicht unter den Zeitungen und auch nicht unter dem Blätterhaufen hinten im Eck.

»Vielleicht haben sie die Tüte verbuddelt«, meint Johanna. Aber Ben schüttelt den Kopf. »Hier ist seit Ewigkeiten nicht gebuddelt worden«, sagt er und guckt sich mit Kennermiene um. Auch draußen vor der Hütte sieht man keine frischen Grabspuren und auch keinen Platz, an dem man so etwas Großes wie die Schultüte verstecken könnte.

Johanna beißt sich auf die Lippe. Sie will nicht heulen. Nicht jetzt, wo so viele zugucken können. Aber zum Weinen bleibt eh keine Zeit.

»Wir versuchen es bei denen zu Hause«, sagt Ben. »Johanna und Leon gehen zu Bertie, Tarik und Leila zu Achmed und ich versuche es bei Tom. Treffpunkt in einer Viertelstunde an der alten Eiche.«

Zum Glück wohnen alle in der gleichen Siedlung. Keins der Kinder dürfte einfach so, ohne zu fragen, über die Hauptstraße oder in einen anderen Stadtteil gehen.

Leon sieht ein bisschen ratlos aus.

»Bertie ist doch gar nicht zu Hause!«, sagt er zaghaft.

»Na klar, du Dummie!«, ruft Leila. »Du sollst ja auch zu seiner Mama gehen.«

»Und dann?«, fragt Leon.

»Dann lässt du dir irgendwas einfallen, damit du in sein Zimmer schauen darfst«, sagt Ben ungeduldig. »Und jetzt los! Das Fußballtraining dauert ja nicht ewig.«

Johanna ist ganz stolz auf sich, sie hat Berties Mama erzählt, dass ihr Sohn sie geschickt hat, um den neuen Fußball aus seinem Zimmer zu holen. Und Berties Mama hat sie sofort ins Kinderzimmer geschickt. Ganz schnell haben sie jeden Winkel durchsucht, aber keine Schultüte gefunden. Berties Mama hat sich nicht mal gewundert, als sie ohne Fußball wieder abgezogen sind.

»Bestimmt ist sie bei Tom«, sagt Leon zuversichtlich, während sie an der alten Eiche auf die anderen warten. Aber auch die kommen mit leeren Händen zurück. Und nach Hause müssen sie jetzt auch alle. Schließlich ist es schon ein bisschen dunkel und Zeit fürs Abendessen.

Nun kommen Johanna doch die Tränen.

»Ich hab auch keine Ahnung, wo wir noch suchen sollen«, sagt Ben und guckt Johanna so mitleidig an, dass sie noch mehr weinen muss.

Als sie im Bett liegt, kann sie nicht einschlafen. Mama und Papa waren auch ganz ratlos. Das ganze Haus haben sie abgesucht. Aber die Schultüte blieb verschwunden.

»Du könntest ja die Minischultüte nehmen, die Oma dir geschickt hat«, schlägt Mama vor und zieht die Stirn kraus. »Was anderes fällt mir auf die Schnelle nicht ein.«

Aber Johanna schüttelt den Kopf. Wie soll das aussehen, ein großes Schulkind mit einer Minitüte? Nein, dann lieber gar nichts.

Bei dem Gedanken, dass sie morgen nur mit dem Schulranzen gehen muss, wird es Johanna ganz schlecht. ›Am besten, ich werde krank‹, denkt sie.

Aber sie wird nicht krank.

Beim Frühstück lässt sie zwar den Kopf hängen und Appetit hat sie auch keinen. Aber krank ist sie nicht. Leider!

Jasper liegt noch im Bett und schläft. ›Der hat es gut‹, denkt Johanna. Später wird ihn Frau Schulte, die Mutter von Ben, mit zum Kindergarten nehmen, denn Mama und Papa wollen ja heute mit Johanna zur Einschulung gehen.

Als Leon an der Tür klingelt, setzt sie ihren Ranzen auf und dann trottet sie missmutig neben ihrem Freund her. Die Erwachsenen kommen langsam hinterher.

»Du kannst meine mal tragen«, sagt Leon schließlich. Aber Johanna schüttelt nur den Kopf.

Vor der Schule stehen die anderen Kinder und jedes hat eine Schultüte in der Hand. Die meisten sind wirklich schön. Aber so schön wie ihre mit der kleinen Nixe und dem Wassermann ist keine, findet Johanna.

Und dann gehen auch schon die Fragen los. Hast du keine Schultüte? Wirst du gar nicht eingeschult?

Wie die alle gucken. Johannas Arme baumeln einfach so an ihr herunter. Sie weiß gar nicht, was sie mit ihren Händen anfangen soll. In der Turnhalle stellen sich alle auf. Eine Frau fragt Johanna, ob sie noch in den Kindergarten geht.

»Ich bin ein Schulkind!«, schluchzt sie.

»Ach so«, sagt die Frau. »Ich dachte bloß, weil du keine Schultüte hast …«

Und da muss Johanna doch weinen. Alle Tränen, die sie bis jetzt runtergeschluckt hat, stürzen auf einmal hervor.

»So ein Mist!«, schluchzt sie und wischt sich mit dem Ärmel über die Augen. Und deshalb sieht sie auch nicht, wer da noch zur Tür hereinkommt. Es ist Ben, der Oberdetektiv. Neben ihm gehen Tarik und Leila. Ben hält jemanden an der Hand.

»Das gibt's doch nicht!«, sagt Leon und knufft Johanna in die Seite. Jetzt sieht sie es auch.

»Jasper!«, ruft sie. Und da sind die vier auch schon bei ihr angekommen.

»Wir haben den Übeltäter!«, sagt Ben. »Alles nur eine Sache der Logik.« Seine Helfer nicken und Jasper drückt Johanna die Schultüte in den Arm. Sie ist noch ganz heil und nur an einer Stelle ein bisschen eingedrückt. »Er hatte sie im Gartenschuppen versteckt«, sagt Ben ernst und schiebt sich mal wieder die Brille zurecht.

»Ich wollte sie doch bloß mal den anderen im Kindergarten zeigen«, sagt Jasper und guckt seine Schwester verlegen an. »Weil ich doch auch schon groß bin, nicht bloß du!«

Johanna hat es die Sprache verschlagen. Mit offenem Mund starrt sie ihren Bruder an.

»War wohl keine gute Idee, was?«, fragt der und versucht ein schiefes Grinsen.

»Nee, du Rübe«, seufzt sie dann. »Das war eine total blöde Idee!«

Eigentlich will sie dem kleinen Monster bis in alle Ewigkeit böse sein. Aber da kommt die Lehrerin und sagt: »So eine schöne Schultüte habe ich ja noch nie gesehen!« Und da ist Johanna so froh, dass das mit der ewigen Bosheit doch noch etwas warten kann. Ein Glück für Jasper.

DiE DREi KLEiNEN SCHWEiNCHEN

Wie heißt ihr?
Fiedler, Pfeifer und Schweinchen Schlau.

Wie alt seid ihr?
Zu alt um noch bei unserer Mutter zu wohnen.

Wer hat eure Geschichte aufgeschrieben?
Joseph Jakobs und Walt Disney und viele andere mehr.

Wo wohnt ihr?
Fiedler im Haus aus Stroh, Pfeifer im Haus aus Holz und Schweinchen Schlau im Haus aus Stein.

Was ist euer Lieblingsessen?
Leckere Suppe.

Wer sind eure besten Freunde?
Brauchen wir nicht, wir haben ja uns.

Was mögt ihr gar nicht?
Den bösen Wolf.

Worüber könnt ihr lachen?
Über den bösen Wolf.

Was ist euer größter Fehler?
Dass Fiedler und Pfeifer ihr Haus nicht auf Stein gebaut haben.

Streitet ihr manchmal?
Nur ab und zu.

Das Windelfest

Luis und Lotte liegen auf der Lauer. Sie beobachten ihre kleine Schwester Emily ganz genau. Und das schon eine ganze Weile.

»Hat sie nun oder hat sie nicht?«, nuschelt Lotte abends mit der Zahnbürste im Mund.

»Sie hat nicht!«, sagt Luis und quetscht einen Streifen Zahnpasta auf die Bürste. Vor vier Tagen hat Emily das letzte Mal die Windel vollgemacht. Davor ist sie schon mal fast eine Woche lang trocken geblieben.

»Letzte Woche wäre es eh nicht so gut gewesen«, sagt Lotte. »Da war das Wetter viel zu schlecht.«

Luis nickt. »Regen und Regen und Regen«, sagt er. »Aber jetzt scheint die Sonne und jetzt muss es einfach klappen.«

»Ich glaub, Emily ist das ziemlich egal«, meint Lotte. »Als sie letzte Woche doch wieder einen Stinker in der Windel hatte, hat sie bloß gelacht.«

»Pff«, macht Luis. »Das kommt doch bloß, weil sie noch nicht weiß, wie lustig das wird, was wir machen, wenn sie endlich keine Windel mehr braucht.« Entschlossen schrubbt er seine Zähne. Es sind noch alle da, kein einziger Zahn wackelt. Das ist gemein, findet Luis, wo er doch bald in die Schule kommt. Zwei Kinder aus seiner Gruppe im Kindergarten haben schon einen Wackelzahn und Zoran aus der Mäusegruppe hat sogar eine richtige Lücke.

Lotte wickelt sich in ihren Bademantel. Es ist ein grüner mit kleinen aufgedruckten Delfinen. Letztes Jahr hat der Bademantel noch Luis gehört. Aber jetzt passt er ihm nicht mehr. Jetzt passt er Lotte.

»Los!«, sagt sie. »Wir sagen Emily noch mal Gute Nacht.« Leise schleichen sie in ihren Filzpantoffeln über den Flur und öffnen vorsichtig die Tür zu Emilys Zimmer. Emily liegt unter dem blauen Betthimmel und spielt mit ihren Zehen. Die Spieluhr an der Wand spielt »Guten Abend, gut Nacht«.

Emily quiekt leise, als sie ihre Geschwister sieht. »Lu-Lo«, sagt sie. Das soll Luis und Lotte heißen. Eigentlich kann Emily das schon ganz gut aussprechen. Bei »Lotte« klappt es schon sehr gut, nur bei »Luis« hört es sich noch ein bisschen undeutlich an.

»Du bist ein Faultier«, brummt Luis. »Als ich so alt war wie du, hab ich das alles schon super gut gekonnt und eine Windel hab ich schon lange nicht mehr gebraucht.«

»Mbrrm«, macht Emily und strahlt ihren Bruder an.

»Angeber!« Lotte pufft Luis in die Seite. Und zu Emily sagt sie: »Trotzdem könntest du dich wirklich mal ein bisschen beeilen.«

Emily verzieht das Gesicht. Gleich fängt sie an zu weinen, das sieht Lotte ganz genau.

»Luis! Lotte!« Mama kommt zur Tür herein und schüttelt den Kopf. Sie zieht die Decke im Bettchen zurecht und schiebt ihre beiden Großen vor sich her nach draußen. »Jedes Kind braucht für diese Sachen genau so lange, wie es selber will«, sagt sie. »Wenn ihr Emily drängelt, dauert es nur noch länger!«

»Aber jetzt ist doch gerade so schönes Wetter«, mault Luis.

Mama lacht: »Jetzt ist gerade Schlafenszeit, denke ich. Und dunkel wird es auch schon.«

In den nächsten zwei Wochen haben Luis und Lotte jede Menge zu tun. Der neue Spielplatz im Kindergarten wird eingeweiht, Lotte fängt an, Akkordeon zu lernen und Luis macht einen Ausflug mit seiner Kindergarten-Gruppe. Dabei vergessen die beiden die Sache mit Emily und ihrer Windel völlig. Deshalb sind sie ganz überrascht, als Papa eines Morgens sagt: »Heute ist es so weit!«

»Was ist so weit?«, fragt Lotte und nimmt einen großen Schluck von ihrem Kakao.

»Mbrrr«, macht Emily. Sie klopft mit ihrem Löffel auf den Tisch und strampelt mit den Beinen.

»Endlich!«, ruft Luis und stößt ein Geheul aus.

»Genau«, sagt Mama. »Heute feiern wir das große Windelfest.«

»Braucht Emily jetzt wirklich keine Windel mehr?«, fragt Lotte.

»Nein«, kräht die. »Teine Windel. Sluss damit!«

»Das hast du gut gemacht!«, sagt Luis und pikst seiner kleinen Schwester den Zeigefinger in die Rippen. »Heute ist genau das richtige Wetter für unser Fest.«

Lotte und Luis rufen Oma an. »Das ist ja prima«, sagt sie, als sie hört, was die beiden ihr ganz aufgeregt erzählen. »Ich backe einen Kuchen und dann mache ich mich sofort auf den Weg.«

»Bring deine Quetschkommode mit«, ruft Luis und dann muss er ganz

schnell in die Küche rennen. Schließlich braucht Papa Hilfe beim Kartoffelsalatmachen. Lotte knetet mit Mama den Teig für das Stockbrot und später müssen sie auch noch Saft, Grillkohle und Würstchen einkaufen.

Das ist es, worauf Luis und Lotte so lange gewartet haben.

Jedes Mal, wenn eins ihrer Kinder keine Windel mehr braucht, feiert die Familie Bartl ein großes Windelfest. Dann gibt es ein Lagerfeuer, Stockbrot und Würstchen, Kuchen, Saft und Lampions in den Bäumen. Diesmal ist es Emilys Windel, die am Fahnenmast hochgezogen wird. Ein bunter Wimpel flattert jetzt mit der allerletzten Windel des jüngsten Bartl-Kindes um die Wette.

Luis und Lotte durften ihre besten Freunde einladen und ein paar Eltern aus Emilys Krabbelgruppe kommen mit ihren Kindern auch dazu. Oma spielt Akkordeon und bei dem Lied »Wir werden alle größer, jeden Tag ein Stück …« singen alle mit.

EMILYS LETZTE WINDEL

Lotte hat schon zwei Würstchen verdrückt und Luis backt ein Stockbrot nach dem anderen. Emily mag lieber Kartoffelsalat und Eis. Mama hat es aus der Tiefkühltruhe geholt. Erdbeer und Vanille, genau die Sorten, die Emily am liebsten mag.

Die Bartls feiern, bis es so langsam dunkel wird. Oma spielt jetzt lauter Lieder, in denen der Mond und die Sterne vorkommen. Wie gut, dass heute Samstag ist. Da braucht man nicht so früh ins Bett.

Mama legt noch ein bisschen Holz ins Feuer. Es knackt und prasselt und ein paar helle Funken fliegen in den dunklen Abendhimmel. Emily sitzt zusammengekuschelt auf Papas Schoß. Sie ist schon ein bisschen müde, aber ins Bett kommt gar nicht infrage. Lotte sitzt neben Oma und schaut genau zu, wie ihre Finger über die Knöpfe und Tasten des Akkordeons hüpfen. So gut will sie später auch einmal spielen können. Luis backt noch ein Stockbrot. Eigentlich ist er schon satt, aber das macht nichts. Es ist so schön, den Stock mit dem Teig über die Glut zu halten und dabei der Musik zu lauschen. Da fällt ihm plötzlich etwas ein und auf einmal findet er alles gar nicht mehr so schön. »Oh, nein«, ruft er, lässt das Stockbrot Stockbrot sein, rennt zu Mama und rüttelt sie am Arm. »Bekommen wir eigentlich noch ein Kind?«, fragt er.

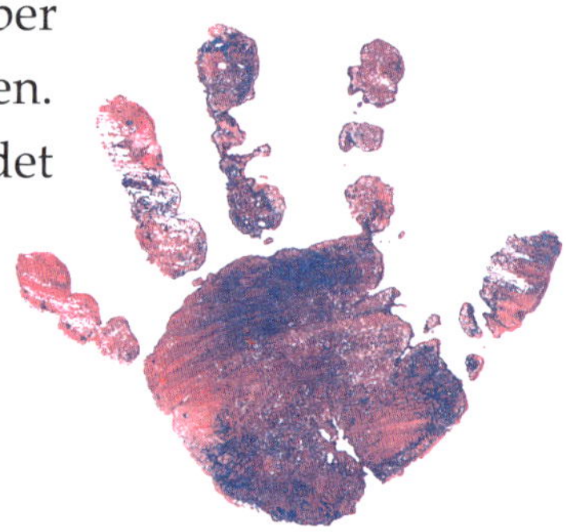

»Nein«, sagt Mama. »Drei sind genug.«

»Das ist ja schrecklich«, ruft Luis und eine Träne läuft über seine Wange. Mit seiner rußigen Hand wischt er sich durchs Gesicht. Alle schauen ihn erstaunt an.

»Oh Mann!«, ruft Luis. »Versteht ihr denn nicht? Dann können wir nie mehr ein Windelfest feiern!«

»Was?«, ruft Lotte ganz erschrocken. Daran hat sie noch gar nicht gedacht.

Einen kurzen Moment sagt niemand etwas. Emily ist jetzt wieder ganz wach. Sie reibt sich die Augen und schiebt den Daumen in den Mund.

Papa reckt sich. »Stimmt«, sagt er und hebt die Kleine auf sein anderes Knie. Emily ist ganz schön schwer geworden in letzter Zeit. »Ein Windelfest können wir wirklich nicht mehr feiern.«

»Aber ein Wackelzahnfest, das können wir feiern«, sagt Mama. »Und zwar genau dann, wenn bei Luis der erste Milchzahn ausgefallen ist.«

Lotte ist aufgesprungen und hüpft um ihren Bruder herum. »Lass mal gucken«, ruft sie. »Wackelt da schon was?«

»Nö«, brummt der. »Alles noch bombenfest!«

»Dann mach mal hin«, sagt Lotte. »Wir haben gerade so schönes Wetter zum Festefeiern.«

HÄNSEL UND GRETEL

Wie heißt ihr?

Hänsel und Gretel.

Wer sind eure Eltern?

Ein armer Holzhacker und seine Frau.

Wer hat eure Geschichte aufgeschrieben?

Die Brüder Grimm.

Wo wohnt ihr?

Vor einem großen Wald.

Was ist euer Lieblingsessen?

Lebkuchen.

Wer sind eure besten Freunde?

Wir haben nur einander, hier wohnt ja sonst keiner.

Was mögt ihr gar nicht?

Die böse Hexe.

Worüber freut ihr euch am meisten?

Dass wir wieder heim zum Vater kommen und auch noch Gold und Edelsteine dabeihaben.

Was ist euer größter Fehler?

Wir haben den Schmeicheleien der bösen Hexe geglaubt.

Streitet ihr manchmal?

Niemals.

Hannes und Greta finden einen Schatz

Jetzt ist es also da, das neue Kind. »Ich verstehe das nicht«, sagt Hannes zu seiner Schwester Greta. »Es schreit dauernd, ist rot und schrumpelig und kostet eine Menge Geld.«

»Ich finde es eigentlich ganz süß«, sagt Greta.

»Aber es kostet eine Menge Geld.« Hannes schiebt trotzig die Unterlippe vor.

»Es ist unsere Schwester, sie heißt Lili«, sagt Greta, »und das mit dem Geld ist vielleicht nicht so schlimm.«

»Und ob das schlimm ist«, sagt Hannes. Er weiß Bescheid. Wenn er nachts aufsteht, weil er noch mal aufs Klo muss, hört er die Eltern manchmal reden. Ab und zu streiten sie auch und immer geht es dabei ums Geld. Einmal hat Mama sogar geweint. Das kommt daher, dass Papa keine Arbeit mehr hat und Mama mit ihrem Blumenladen nicht so viel verdient.

Und jetzt ist auch noch Lili da und braucht Windeln und Fläschchen und Essen, Strampelanzüge und auch sonst noch alles Mögliche. Außerdem wird sie dauernd herumgetragen und Mama redet mit einer ganz fremden Stimme, wenn sie mit ihr spricht. Bei Papa ist es genauso. Hannes hat gar nicht gewusst, dass der so gurren kann. Und dann diese kleinen lustigen Giekser. Mit Hannes redet nie einer so. Papa nicht und Mama auch nicht. Mit ihm schimpfen sie höchstens. So wie gestern, als Lili endlich eingeschlafen war und Hannes bloß mal kurz seinen neuen Polizeibus mit echtem Lalülala vorführen wollte.

»Wahrscheinlich wollen die uns sowieso los sein«, brummt Hannes.

»Quatsch«, sagt Greta.

»Doch, bestimmt«, sagt Hannes. »Ich bin mir sogar ziemlich sicher. Es ist genau wie in der Geschichte, die Frau Knopf uns neulich vorgelesen hat. Da wollten die Eltern ihre Kinder auch loswerden, weil sie zu wenig Geld hatten. Und die sind dann einfach abgehauen. Über Nacht in den dunklen Wald. Dann sind sie mit einem riesigen Goldschatz zurückgekommen und alles war wieder gut.«

»In der Geschichte war auch eine böse Hexe dabei«, flüstert Greta und schüttelt sich.

»Ja, ja«, sagt Hannes. »Aber Hexen gibt es in Wirklichkeit nicht.«

»Und Goldschätze?«

»Goldschätze schon!«

Greta findet, dass es ganz toll wäre, mit so einem Schatz nach Hause zu kommen. Sie wären dann stinkreich und Mama und Papa wären furchtbar stolz auf ihre beiden großen Kinder.

»Vielleicht finden wir ja wirklich einen«, überlegt sie.

»Klar finden wir einen«, sagt Hannes und springt auf. Rasch schnappt er seine Jacke und seine Gummistiefel. Die Gelegenheit ist günstig. Papa ist im Jobcenter und Mama ist dabei, Lili in den Mittagsschlaf zu singen.

Da können sie sich ganz unbemerkt aus dem Haus schleichen. Sie gehen nach hinten raus, über die Terrasse und durch den Garten, hopsen über den Zaun und rennen geduckt an der Hecke entlang bis zur Straße.

Dort fahren die Autos, es gibt eine Ampel und eine Straßenbahnhaltestelle.

»Und jetzt?«, fragt Greta. Sie kennt nur den Park in der Nähe und die paar Bäume vor der Sparkasse.

Hannes zupft eine Frau am Ärmel. Die Frau kommt gerade vom Markt. An ihrem Arm baumelt ein Netz mit Äpfeln und Karotten.

»Entschuldigung«, sagt Hannes. Die Frau dreht sich um.

»Wo ist denn hier der nächste Wald?«, fragt Greta.

Jetzt lacht die Frau. Immer müssen Erwachsene lachen, wenn man sie was fragt. Aber wenigstens gibt sie eine Antwort, bevor sie weitergeht. Sie sagt, dass der Wald weit weg ist und dass man mit der Straßenbahn fahren muss, um dort hinzukommen. Greta schluckt.

»Sollen wir nicht doch lieber wieder heimgehen?«, fragt sie.

Hannes schüttelt den Kopf. »Dann finden wir doch nie einen Schatz.«

Im selben Moment hält eine Straßenbahn und Hannes steigt ein, einfach so. Greta will nicht allein auf der Straße stehen bleiben. Schnell hopst sie hinter Hannes her in den Straßenbahnwagen. Blitzschnell geht die Tür zu und die Bahn rumpelt los.

»Wir haben doch gar keine Fahrkarte«, wispert Greta und schaut sich ängstlich um.

»Pff«, macht Hannes. »Hast du schon mal einen Schatzsucher mit einer Fahrkarte gesehen?«

Das hat Greta nicht.

»Na also«, sagt Hannes entschieden. Greta braucht ja nicht zu merken, wie mulmig ihm dabei zumute ist.

Zum Glück kommt kein Schaffner, obwohl sie ziemlich lange fahren müssen, bis endlich ganz viele Bäume zu sehen sind. Ganz viele Bäume zusammen sind ein Wald, das weiß Hannes schon lange. Papa hat es ihm erklärt.

»Endstation! Bitte alle aussteigen«, ruft die Stimme aus dem Lautsprecher.

»Ja, ja«, sagt Hannes. »Hier wollten wir doch sowieso aussteigen!«

Und dann stehen sie da. Die anderen Leute gehen rasch davon. Die wissen anscheinend genau, wo sie hinmüssen. Aber das wissen Hannes und Greta ja eigentlich auch. In den Wald, wohin denn sonst.

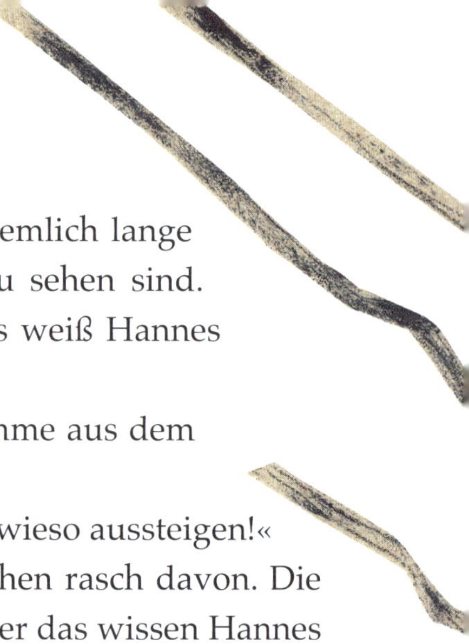

Der Wald ist auf der anderen Straßenseite. Hannes und Greta gucken links und rechts und wieder links, so wie sie es gelernt haben. Dann huschen sie über die Straße und biegen in den Waldweg ein. Hier muss man nicht mehr aufpassen. Im Wald fahren ja keine Autos.

Zuerst ist der Weg noch breit. Eine ganze Weile gehen die beiden geradeaus, dann kommt eine Weggabelung.

»Nach rechts«, sagt Hannes und an der nächsten Gabelung wieder. »Nach rechts!«

»Bist du sicher?«, fragt Greta. Sie findet die hohen Tannen da rechts viel zu schwarz und scheußlich finster. Außerdem ist es ein bisschen kühl und Hunger kriegt sie langsam auch.

»Nach rechts!«, sagt Hannes noch einmal, aber er ist sich überhaupt nicht sicher. Und außerdem fällt ihm jetzt etwas ein.

»Wir haben das Brot vergessen«, sagt er.

»Hast du auch Hunger?«, fragt Greta.

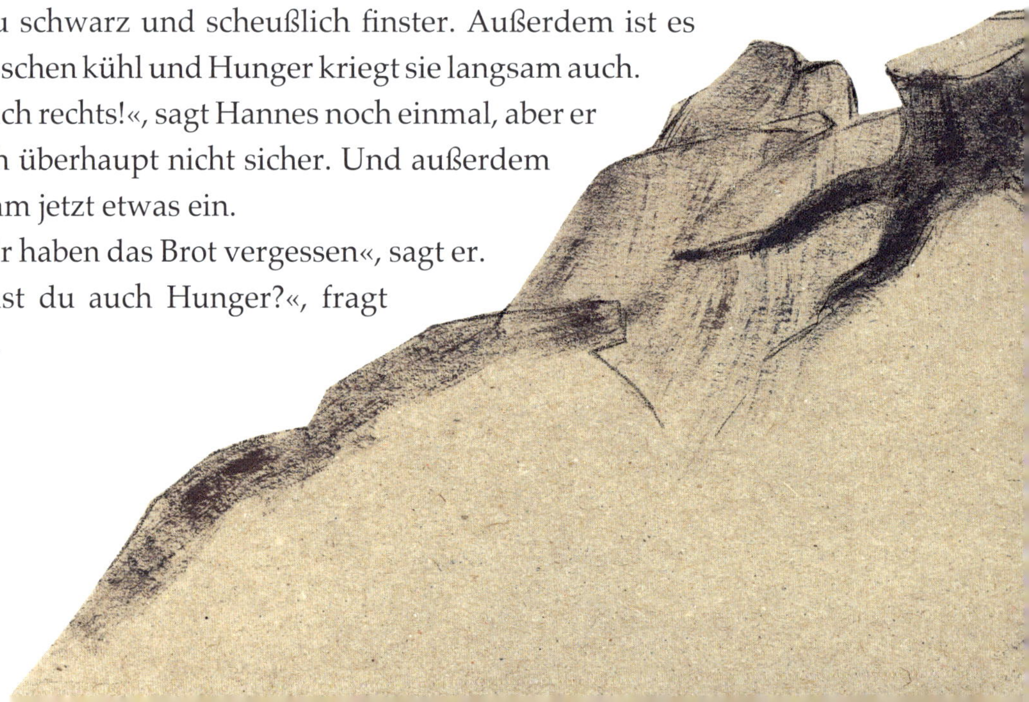

»Quatsch«, sagt Hannes, obwohl er vielleicht doch ein kleines bisschen Appetit auf einen warmen Pfannkuchen hätte. Hatte Mama nicht gesagt, zum Abendessen würde es Pfannkuchen geben?

»Ich meine das Brot, das man auf den Weg krümeln muss.«

»Ach so«, sagt Greta. »Geht es nicht ohne?«

»Nein«, sagt Hannes. »Ohne geht es nicht.«

»Und jetzt?«, fragt Greta. Zwischen den dunklen Tannen dahinten raschelt es ganz grässlich und ein seltsames Klopfen ist auch zu hören.

»Wir müssen uns zurückschleichen und welches holen«, sagt Hannes. »Los, komm!« Er nimmt seine Schwester bei der Hand und zieht sie hinter sich her bis zu dem breiten Weg. Als sie da ankommen, hören sie schon das »Bim – Bim« der Straßenbahn, fangen an zu rennen und erreichen die Bahn, kurz bevor die Türen geschlossen werden. Diesmal kommt ein Schaffner. Aber da sehen sie schon die Sparkasse mit den Bäumen davor.

»Hier müssen wir sowieso aussteigen«, sagt Greta, lächelt den Schaffner an und hopst aus dem Wagen.

Rasch schleichen sie sich durch den Garten zurück bis zur Terrassentür. Aber dann bleiben sie stehen wie angenagelt. Mama und Papa sind im Wohnzimmer, Papa hat das Telefon in der Hand und Mama schnäuzt sich in ein Taschentuch. Ihre Nasenspitze ist ganz rot und ihre Augen sehen verheult aus. Papa brüllt ins Telefon. Er brüllt so laut, dass man es bis in den Garten hören kann. Lili brüllt auch, aber keiner achtet darauf.

»Nein«, brüllt Papa. »Wir können nicht länger warten. Unsere Kinder sind verschwunden, vielleicht entführt, da können wir doch nicht seelenruhig abwarten.« Mama fängt wieder an zu schluchzen und presst sich das Taschentuch an den Mund.

Hannes stößt die Terrassentür auf.

»Mit wem telefoniert Papa denn da?«, fragt Greta.

»Mit der Polizei«, kreischt Mama und stürzt sich auf ihre Kinder. Papa reißt die Augen auf. »Sie brauchen sich nicht mehr zu bemühen, jetzt sind sie wieder da«, sagt er und dann lässt er das Telefon einfach fallen. Er schnappt sich Hannes und drückt ihn so fest, als wollte er ihn zerquetschen. »Da seid ihr ja«, krächzt er und dann fängt er auch noch an zu weinen. Mama drückt Greta. »Wo wart ihr denn?«, fragt sie mit einer ganz fremden Stimme. »Wir haben uns solche Sorgen gemacht.«

»Ist euch auch nichts passiert?« Papa schiebt Hannes ein Stück weg, um zu schauen, ob an seinem Sohn noch alles heil ist. Erleichtert zieht er ihn wieder in seine Arme und dann drückt er Greta, und Mama drückt Hannes. »O Gottogott«, schnieft sie. Ihre Stimme klingt ganz zitterig.

Ganz vorsichtig macht Hannes sich los. »Merkt ihr denn nicht, dass Lili die ganze Zeit schreit und schreit und schreit?«, fragt er.

»Das mit dem Schatzsuchen müssen wir wohl erst mal sein lassen«, meint Greta später beim Zähneputzen.

»Schon klar«, antwortet Hannes großspurig. »Wir müssen uns jetzt um Lili kümmern. Wenn wir nicht da sind, merkt ja anscheinend keiner, wenn sie schreit.«

»Genau«, sagt Greta.

Ich danke der Familie Barthel für die Idee mit dem Windelfest,
meinen Eltern für meine Geschwister und Katharina Ebinger
für die Anregung, über Geschwister zu schreiben.
Dagmar Geisler

ERSTMALS ALLE GESCHICHTEN IN EINEM SAMMELBAND

Daniela Kulot

Krokodil und Giraffe: Alle Geschichten von Krokodil und Giraffe

160 Seiten · Gebunden
ISBN 978-3-522-46030-9

In den beliebten Geschichten von Krokodil und Giraffe geht es zu wie in jeder ganz normalen Familie: Alle sind verschieden, manchmal herrscht das totale Chaos und am Ende kommt es auf Zusammenhalt und Ideenreichtum an. Jetzt gibt es alle Krokodil-und-Giraffe-Geschichten erstmals in einem großen, dicken Sammelband, für viele gemütliche gemeinsame Vorlesestunden.